ぬくもりの記憶

片柳弘史
Katayanagi Hiroshi

教文館

ぬくもりの記憶

はじめに

子どもの頃、朝早く起きてテレビをつけると、ときどき不思議な番組に出会った。「暗いと不平を言うよりも、すすんで明かりをつけましょう」というアナウンスと、印象的な管弦楽の調べで始まる「心のともしび」という番組だった。黒い服を着た外国人の神父が、写真などを見せながら、一生懸命に何かを説明していたのを覚えている。埼玉県の農家に生まれ、キリスト教とはまったく関係なく生きていたわたしは、意味もよくわからないまま、「外国人なのに、こんなに日本語が話せるなんてすごいな」と感心しながらその番組を見ていた。

そんなわたしが、数十年の時を経て神父になり、ラジオ放送の「心のともしび」に朗読用の原稿を書くことになった。わたしが書いているブログの文章に、番組の担当司祭であるマクドナル神父が目を止めてくださったのがきっかけだった。

番組には、月ごとにテーマがあり、それに合わせて原稿を書くことになっている。テーマが送られてくるたびに、わたしはしばらく考え込む。そのテーマで書けるようなことがあるだろうかと、心の中を探ってゆくのだ。はじめはなかなか見つからないが、記憶の糸をたぐりながら心の中を漂っているうちに、あるときふと、穏やかなぬくもりを帯びた記憶のかけらに出会う。たぐり寄せてゆくうちに、記憶はさらにぬくもりを増し、そのぬくもりの中から文章が湧き上がってくる。

そのようにして生まれた文章を中心に、今回、本をまとめることになった。最も個人的な思い出の中にこそ、最も普遍的な真理が隠れていると聞いたことがある。わたしの心に希望の光をともしてくれるこれらの文章が、皆さんの心にも希望の光をともし、ぬくもりを届ける「心のともしび」になることを願っている。

※本文中の聖句は新共同訳聖書にしたがった。

もくじ

2　出会いの記憶

3 日々の記憶

装画　ひらいみも
装丁　後藤葉子

1 旅立ちの記憶

愛の種

シクラメンやカーネーションを育てる園芸農家の長男として、わたしは生まれた。最も古い記憶として残っているのは、花の世話をする母の隣で、泥遊びをしている自分の姿だ。園芸用に泥はふんだんにあったので、わたしは泥にまみれた子ども時代を過ごしたと言っていい。キリスト教とは縁がなかった。家には仏壇と神棚があり、母が毎日、仏壇に小さなご飯茶碗を供えていたのを覚えている。

そんなわたしが初めてキリスト教と出会ったのは、テレビに映ったマザー・テレサの姿を通してだった。わたしが一〇歳のとき、マザーが来日し、その活動の様子がテレビ番組で特集されたのだ。茶の間のテレビでぼんやりその番組を見ていたわたしは、ヨーロッパの人でありながらインドまで出かけ、飢えて死にかけた人の口元にスプーンで食べ物を運ぶマザーの姿を見て、心を強く揺さぶられた。世の中に、こんなにすごい人がいるのかと思ったのだ。

やせ細った母親が、飢えて死にかけた赤ん坊を抱きかかえて途方に暮れている。テレビでそんな映像を見ても、自分の生活に手いっぱいで、何もしてあげられない。「かわいそうだが、仕方がない」と思って目をつぶってしまうのが普通だろう。だが、マザーは貧しい人たちを見捨てることができなかった。すべてを捨ててインドへ旅立ち、貧しい人たちを救うために生涯を捧げたのだ。

その姿を見たとき、わたしも将来こんな人になりたいと思った。苦しんでいる人を見たときに感じる「何かしてあげたい」という気持ちを、行動に移せる人になりたいと思ったのだ。当時、わたしはまだキリスト教をまったく知らなかったが、今から思えば、あのときわたしの心に、マザーを通して「神の愛」の種が蒔かれたのだろう。

見えないもの

実家の近くに、小さな神社がある。地域の名の由来にもなった古い神社で、わたしはこの神社が経営する幼稚園に通っていた。キリスト教の神父なのに変かもしれないが、わたしと神さまとの関係の土台は、この幼稚園時代に作られたのではないかと思っている。

その幼稚園での一日は、神さまへの挨拶から始まった。園に着くと最初にお社の前に行き、元気な声で「神さま、おはようございます」と言ってから園舎に向かうのだ。帰りのときは、「神さま、さようなら」と言うのが挨拶だった。ときには、園長先生である白髪の神主が、わたしたちのためにお祈りしてくれることもあった。

そのように神さまと向かいあう時間が、わたしはとても好きだった。お社の前で手を合わせるときに感じる、背筋が伸びるようなすがすがしい気持ちや、心がほぐれるような温かい気持ちが好きだったのだ。拝んでいる相手が何なのかはよくわからなかったが、お社の中に、人間をはるかに越えた、何か清らかで尊いものが宿っているのは確かに感じた。建物の厳かな雰囲気や、その前で熱心に祈る園長先生の姿が、その存在を感じさせてくれたのだと思う。子ども心に、わたしはその、目には見えない何か清らかで尊いものに憧れを感じていた。神社の幼稚園で、わたしの心に、聖なるものへの憧れが育まれたと言ってもいいかもしれない。

あの頃の感覚は、いまわたしが神父として十字架の前で跪くときに感じる感覚と似ている気がする。神社の幼稚園で目に見えない世界との出会いを体験し、聖なるものに憧れを抱いていなければ、キリスト教の道に入ることもなかったかもしれない。その意味で、あの幼稚園と神主さんには今でも心から感謝している。

人を獲る漁師

小学生の頃の夢は、毎日、魚釣りをして過ごすことだった。その頃ちょうど、子どもなのに学校に行かず、大人なのに仕事もせずに毎日釣りばかりしている人たちの姿がかっこよく描かれたアニメ番組がテレビで放送されていた。釣りが大好きで、学校から帰るとランドセルを放り出し、釣竿を持って近くの川に駆け出すという少年だったわたしは、そんな生活に強く憧れていたのだ。

何がわたしをそこまで釣りに駆り立てたのだろう。今から思えば、色々な工夫をして水底に潜む魚を釣り上げたときの喜び、学校などでの嫌なことをしばし忘れて、大自然のぬくもりの中に抱きとめられる喜び、そんなものに魅了されていたような気がする。わたしの心の奥底にある未知の世界への憧れ、自分を越えた大いなるものへの憧れが、そんな形で姿を現したのかもしれない。夢を生み出すそのような憧れを、「夢の種」と呼んでもいいだろう。

その種は、大人になってまた別の形で芽を出した。わたし自身の、そして人々の心の深みに潜んでいるイエス・キリストと出会う喜び、全てを忘れて神の愛のぬくもりに包まれる喜びに魅了されて、神父になるという夢を抱くようになったのだ。聖書に、魚を獲る漁師が人を獲る漁師にされたという話（マタイ四・一九など）が出てくるが、それに似たようなことだったのかもしれない。

わたしたちの心の中には、一人一人に違った「夢の種」が蒔かれているように思う。何ものかへの漠然とした憧れであるその種は、その時々に自分が置かれた地面で芽を出し、具体的な形をもった夢に育ってゆく。そして、それらの夢がわたしたちの人生を展開させ、豊かなものにしてゆくのではないかと思う。それらの夢を、一つひとつ大切に育ててゆきたい。

最初のチャリティー

年に一度、祖母と一緒にデパートに行くのが、子どもの頃の大きな楽しみだった。デパートに行くといっても、何かを買ってもらうためではない。年に一度、「24時間テレビ」というチャリティー番組に合わせてそのデパートの軒先に開設される募金の窓口に、貯金箱を届けるためだった。

その番組が始まったのは、わたしが小学校に入った頃だったと思う。番組の中で紹介される、寝たきりのお年寄りや障がい者の皆さんの姿、アフリカの大飢饉で死んでゆく子どもたちの姿を見ているうちに、わたしもこの人たちのために何かせずにいられない気持ちになった。「この人たちを、このまま放っておくことはできない」と素直に思ったのだ。だが、小学生のわたしには、番組に寄付するほどのお金がなかった。

そこで、ちょっとしたお小遣いやお駄賃を、キャンディーの箱を転用した貯金箱に集めることにした。一年間貯めてゆくと、ちょうど翌年の番組の頃には、貯金箱が小銭で一杯になった。貯金箱を届けられる募金の窓口は、隣町の大きなデパートまで行かないとなかったので、わたしは祖母にデパートまで連れて行ってもらうことにした。

祖母に手を引かれて電車に乗り、わたしは隣町に向かった。思えば、電車に乗るのも、あれが生まれて初めてのことだっただろう。無事にデパートまでたどり着き、募金箱を係の人に手渡したときには、本当にすがすがしい気分だった。祖母は、「よいことをしたご褒美に」と、デパートの食堂でお子さまランチを食べさせてくれた。それがやがて毎年の恒例行事となり、わたしが小学校を卒業するくらいまで続いたように思う。最初のチャリティーの思い出は、わたしの中で祖母のぬくもりと固く結びついている。

無言のメッセージ

わたしの父は無口な人だった。農家の長男だった彼は、先祖から引き継いだ土地に温室を作り、シクラメンやカーネーションなどの花を育てて生計を立てていた。生き物が相手なので、休みの日などない。毎日、朝早く起きて全ての花に水をやり、草むしり、肥料入れ、鉢物の植え替えなどをして夕方まで働いていた。晩には必ずビールを一本のみ、簡単な食事をすませると八時過ぎに寝てしまう。その間ほとんど話すことはなく、ぶっきらぼうで頑固な、どうにも近寄りがたい父親だった。

子ども時代、わたしはこの父が恥ずかしくて仕方がなかった。どこに行くにも地下足袋に作業ズボン、太ったおなかに腹巻をしめ、首には夕オルをかけるといういでたちだったからだ。思春期の頃からは一緒に外出することもなくなり、家でもほとんど話すことはなかった。わたしが大学に入ってアパート暮らしを始めてからはますます疎遠になり、そうこうしているうちに、ある日、心筋梗塞であっけなく死んでしまった。

父が亡くなって色々な手続きをしているとき、母から意外な話を聞いた。ベッドタウン開発の波が実家の周辺にまで達する中で、父も開発業者から、農地をつぶしてマンションにする誘いを度々受けていたというのだ。だが、父はすべて断っていたという。親が遊んで暮らしている姿を子どもに見せるべきでない、というのがその理由だったそうだ。

子どもの頃は父を恥ずかしがっていたわたしだったが、今となっては、当時の自分を深く恥じている。家族のために泥まみれで働き続け、決してぜいたくなどしなかった父。子どもの模範となるべく質素な生活に甘んじ、様々な誘惑を断った父。その無言のメッセージに耳を傾け続けたい。

ぬくもりの記憶

つらいことや苦しいことがあったとき、耐えがたいほどの孤独に苛まれたとき、ふとカップ麺を食べたくなることがある。何か特別なカップ麺ではなく、昔から自動販売機などで売っている、白いカップに入った普通のカップ麺だ。お湯を入れて三分待ち、出来上がったばかりの縮れた麺を頬張ると、何かとてもなつかしい味がする。

わたしが子どもの頃、おそらくまだ三歳か四歳くらいのときのことだと思うが、父はよく晩御飯の後わたしを肩車して散歩に出かけた。父の友人がやっている近所の酒屋まで、夜風に吹かれながらタバコを買いに行くのだ。わたしを肩に乗せていったのは、自分の息子を近所に見せびらかしたかったからだろうと、後年、伯母に言われたことがある。父の肩に乗っていると、わたしも少し誇らしく感じたのを覚えている。

父が行く酒屋の前に、カップ麺の自動販売機があった。晩御飯だけでは足りずにお腹を空かせているわたしに、父はときどき「お母さんには内緒だぞ」と言って、そのカップ麺を買って食べさせてくれた。そのようにして食べるカップ麺が、どれほどおいしかったことか。乾燥したエビや、さいころ型の肉のようなものが載せられたカップ麺は、わたしにとって何よりの御馳走だった。

つらいことや苦しいことがあったとき、スーパーでそのカップ麺に手が伸びるのは、わたしの中でそのカップ麺が父の記憶と結びついているからかもしれない。そのカップ麺を食べるときに感じるなつかしさは、ただ味のことだけではなく、むかし父から大切にされ、愛された記憶への郷愁でもあるのだ。なつかしさは、誰かから愛された記憶、ぬくもりに包まれた幸せの記憶といつも結びついている。

不器用な優しさ

大学二年生になったとき、わたしは初めて実家を離れ、一人暮らしを始めた。大学に入って最初の一年間は、埼玉の実家から神奈川にある大学まで片道二時間かけて通った。だが、どうしても体力的にきつかったし、その時間を勉強に充てたいという気もしたので、一年目の終わり頃、思い切って父に「大学の近くにアパートを借りたい」と切り出したのだ。

父は初め、とても渋っていた。「大学入学を機に家を改修し、勉強部屋がある二階にトイレを付けたのは一体何のためだったのか。お前が実家から通うと言うから準備したのに」。父からそう言われると心が痛んだが、当時は法律の勉強をして国家試験に合格するという目標もあったので、わたしは引き下がらなかった。すると父は、「そんなに言うなら勝手にしろ」というような感じで、渋々、アパート暮らしをゆるしてくれた。

入居するアパートが見つかり、荷物を運ぶための引っ越し業者を探していたとき、園芸農家を営む父の口から思いがけない言葉が出た。花の出荷のために使うトラックで運んでやるから、引っ越し業者を探さなくてもいいと言うのだ。こうしてわたしは、父の運転するトラックの助手席に座って、実家から旅立つことになった。

わたしが実家を離れてから一年半後、父は心筋梗塞で急逝した。いまから思えば、父は自分の残りの命がそれほど長くないのを、どこかで感じていたのかもしれない。だから、息子を実家に置いておきたかったのではないかとも思う。キリスト教では「父なる神」という言葉をよく使う。わたしがその言葉から連想するのは、わがまま勝手な子どもであっても、その意思を尊重し、温かく見守ってくれる不器用な父のイメージだ。

悔いのない人生

高校二年生で進路を選択することになったとき、わたしは大学の法学部を目指すことにした。文系科目が得意だったので、法律を学び、それを使って貧しい人や困っている人たちのために働きたいと思ったのだ。

大学に入って三年あまりが過ぎたとき、まったく思いがけないことが起こった。一人暮らしをしていたアパートに、ある日、母が泣きながら電話してきたのだ。「どうしたの、泣いてちゃ分からないよ」とわたしが言うと、母から返ってきたのは「お父さんが死んでしまったんだよ」という答えだった。温室に行く途中で、心筋梗塞を起こしたのだという。

大急ぎで実家に帰ると、父は冷たくなって床の間に寝かされていた。現実をうまく受け止められなかったが、実感が湧いてくると涙があふれて止まらなくなった。数日して悲しみが落ち着いた後にやって来たのは、大きな虚しさだった。つい先日まであんなに元気だった父が、焼かれて灰になってしまった。わたしの体も、いつか死ねば、同じように焼かれて消えてしまう。そうだとすれば、生きるとはいったい何なのだろう。どうすれば、悔いのない人生を生きられるのだろう。そんな風に考えて、わたしは悩むようになった。

そんな中で、わたしは偶然キリスト教と出会い、洗礼に導かれることになった。キリスト教の中に、悔いのない人生の答えがあるように思えたのだ。あれから二十数年が過ぎ、父が亡くなった年齢に差し掛かったいま、わたしは、死ぬ間際に「思った通りにはならなかったが、自分なりに精いっぱいやった。これだけやれば、神さまも喜んでくださるだろう」と思えたら、それでいいだろうと考えている。神さまは、あらゆる人生をゆるし、受け入れてくださる。悔いを残すかどうかは、自分自身が自分の人生をゆるせるかどうかにかかっているのだ。

インドへの旅立ち

父の死をきっかけとしてキリスト教と出会い、その教えを学んでゆく中で、わたしは大きな壁に突き当たった。それは、「神の愛」ということだった。言葉の意味はわかっても、神は姿も見えず、声も聞くことができない。そんな神から愛されていると言われても、実感がどうしても湧いてこなかったのだ。

では、どうしたら「神の愛」を実感できるのだろうと考えていたとき、ふっと思い出したのがマザー・テレサのことだった。あの人こそ現代に「神の愛」を生きた人であり、彼女のことを学べば「神の愛」に近づけるのではないかと思ったのだ。そこでわたしは本屋に行き、世界の偉人伝に入ったマザーの本を何冊か買ってきて読み始めた。

読んでいるうちに分かったのは、日本にもマザーの始めた修道院がいくつかあるということだった。本を読むより、実際にボランティアをした方が早いと考えたわたしは、東京の修道院に電話して仕事を手伝わせてもらうことにした。電話の最後にわたしは一つ質問をつけ加えた。マザーの伝記を何冊も読んだが、どの本にもマザーの亡くなった年が書かれていなかったので、直接聞こうと思ったのだ。

「マザーは、何歳で亡くなったんですか」とわたしが尋ねると、電話の向こうでシスターが大笑いした。「だって、マザーはまだ生きていますから」というのである。わたしはびっくり仰天した。ヘレン・ケラーやエジソンと並んで世界の偉人伝に入っている人が、生きているはずがないと思い込んでいたからだ。だが、真相を知ったときわたしはすぐに思った。「そんなすごい人が生きているなら、会いにゆくのが一番いい。彼女に会えば、『神の愛』を目で見、耳で聞くことができるかもしれない」。こうしてわたしは、インド行きを決心したのだった。

マザーとの出会い

「マザー・テレサがまだ生きているなら、会いに行く以外にない」。そう思い立ったわたしは、思いをすぐ行動に移した。リュックに荷物を詰めこんで、彼女が住むカルカッタの街に向かって旅立ったのだ。

カルカッタの空港から車で三〇分ほど行った街の中心部に、マザーの住む修道院「マザー・ハウス」がある。かつて商人の館だったという、五階建ての大きな建物だ。入口のドアの前に立ったわたしは、呼び鈴を鳴らし、出てきた若いインド人のシスターに「日本からマザーに会いに来ました」と告げた。シスターは驚いた様子だったが、気の毒に思ったのか、すぐ中に入れてくれた。

シスターは二階の事務所の前にわたしを案内し、長椅子を指さしながら「そこに座って待っていなさい」と言って事務所の中に入っていった。

「きっと、マザーのスケジュールを調べに行ったのだろう」と思ったわたしは、長椅子に腰を下ろして待っていた。

五分くらいして、事務所の中からシスターが出てきた。だが、出てきたシスターは案内してくれた若いシスターとは別人だった。ずいぶん歳をとっていて、背中が曲がり、顔に深いしわが刻まれている。「あれ、さっきと違う人だな。でも、待てよ、この人どこかで見たことがある……」と思い巡らすうちに、わたしはとんでもないことに気づいた。目の前にいるそのおばあさんこそ、他でもないマザー・テレサだったのだ。

あのときの驚きと喜びは、いまでもはっきり覚えている。わたしの人生で、一番うれしかった体験と言っていいだろう。マザーはわたしの手を握り、心からの笑顔で歓迎してくれた。マザーの温かな人柄に触れ、「この人のそばにいれば、人生の道が示されるに違いない」と確信したわたしは、当分の間、マザーのもとでボランティアをさせてもらおうと決心した。

イエスを見る

マザー・テレサは、わたしたちボランティアに、「貧しい人たちの中にイエスを見なさい」と口癖のように言っていた。実際、マザーはどんな人の中にもイエスを見ていたようだった。それは、ぼろぼろになって施設に運ばれてくる貧しい人たちを見つめる、マザーのまなざしを見れば分かった。その人たちを見つめるマザーのまなざしは、まるで貴重な宝石でも見つめるように、いつもきらきらと輝いていたのだ。マザーは確かに、わたしたちが見えないもの、何かとても価値のある大切なものを相手の中に見ていたようだった。それがきっと、イエスだったのだろう。

「マザーは、相手を見ないでイエスを見ていたのか。それでは、その人を愛したことにならないのではないか」と考える人もいるが、それは違うだろう。むしろ、マザーほど、相手をよく見ていた人はいなかった。マザーは、相手の表面的な部分だけでなく、相手の存在の奥深くまで見通していた。だからこそ、相手の存在の深みに宿っている神々しくて尊いもの、その人の中に住むイエスに気づくことができたのだ。

「誰かを愛する」というとき、わたしたちは、相手の表面しか見ていないことが多い。相手の外見や行動、性格などを見て、「ここが好ましいから、この人を愛している」とか「ここが嫌いだから、この人を愛せない」というように「愛する」という言葉を使ってしまうことが多いのだ。だがそれは、自分が知っている範囲で相手を愛している、相手の表面的な部分を愛しているということに過ぎない。相手のすべてを愛したいなら、相手の表面だけでなく、存在の奥深くまでも見通す必要がある。相手の中にイエスを見てこそ、真にその人を愛していると言えるのだ。「貧しい人たちの中に、イエスを見なさい」というマザーの言葉を、もう一度しっかりと心に刻みたい。

人生を変えたひと言

カルカッタでボランティアとして働き始めて三か月が過ぎた頃、まったく思いがけないことが起こった。施設での仕事を終え、マザー・ハウスに戻ったときのことだ。夕の祈りが始まるまで時間があったので、わたしは知り合いのシスターと立ち話をしていた。

すると、事務室からマザーが出てきた。そして、わたしの方に向かって、スタスタと一直線に歩いてきたのだ。何事かと思って驚いていると、マザーはいきなりわたしの腕を摑み、揺さぶるようにして話し始めた。「あなたは、いつまで迷っているのですか」と言うのだ。こちらに来てすぐの頃に、父の死以来、人生の道に迷っているという話はマザーにしていた。きっとそのことを覚えていてくれたのだろう。次にマザーは、「いますぐ決心しなさい」と言い始めた。でも、まだ何も具体的なことは考えていないのにと思っていると、マザーは次にまったく意外なことを言った。「あなたは神父になりなさい」というのだ。話が終わると、あっけに取られているわたしたちを尻目に、マザーは「言ってやった」というような満足げな顔で足早に立ち去って行った。

正直、わたしはそれまで、神父になることなど一度も考えたことがなかった。清貧、貞潔、従順の誓願を守って神に生涯を捧げるなんて、自分には無理だと確信していたからだ。だが、マザーが言うなら、もしかすると神からの呼びかけかもしれない。そう思ったわたしは、神父になる可能性を一度、真剣に考えてみようと思い始めた。「こんなに罪深いわたしが、神父になれるはずなどない」という思い込みの壁を、マザーの一言が破ってくれたと言ってもいいだろう。神は、マザーを通してわたしをまったく思いがけない道に導き始めたのだ。

死を乗り越える力

一度だけ、本当に死ぬかと思ったことがある。カルカッタで結核を発病し、当時お世話になっていた男子修道院のベッドで臥せっていたときのことだ。夜更けに、突然、呼吸が苦しくなった。どんなに空気を吸いこもうとしても、肺に空気が入ってゆかない。わたしはパニックに陥った。すぐにしたのは、大声で叫ぶことだった。「このまま一人で死んでしまうのは嫌だ。誰かに気づいてほしい」、その一心でベッドから大声で叫んだのだ。恥ずかしいと思っている余裕はなかった。ただもう、叫ばずにはいられなかった。しばらく叫んでいると、気づいた神父が起きてきて、電話で医師と相談し、薬を飲ませてくれた。薬もありがたかったが、一番うれしかったのは、その神父が、わたしが寝付くまでそばにいてくれたことだった。

あの体験から、人間が死を意識したときに、一番怖いのは孤独なのではないかと思っている。「独りぼっちで、誰にも気づかれずに死んでゆく」、それが怖いのだ。「死を待つ人の家」で誰かが臨終に近づいたとき、マザーは必ず、誰か一人に、「その人の側についていてあげなさい」と指示していた。ただ手を握り、横に座っているだけでいいというのだ。マザーはきっと、死の間際にいる人にとって何が一番怖いかわかっていたのだろう。

「人間にとって一番ひどい苦しみは、誰からも必要とされていないと感じること」とマザーはよく言っていた。死の間際にも、それは当てはまるのだろう。誰でもいい、誰か一人が側にいてくれさえすればその苦しみは消える。それだけで、わたしたちは死の恐怖さえ乗り越えることができるのだ。死の恐怖を乗り越えさせる唯一の力、それは人間の手のぬくもりであり、愛なのではないだろうか。

花の美しさ

園芸農家で花に囲まれて育ったにもかかわらず、わたしは大人になるまで、花を見て美しいと思ったことがなかった。子どもの頃は、「なぜみんな、花なんか見て喜んでるんだろう」としか思っていなかったのだ。花を見て美しいと思うようになったのは、結核にかかってインドから帰国し、入院していたときのことだ。

マザー・テレサに神父への道を勧められてからも、わたしはしばらくカルカッタに留まっていた。神父になることは本当に神のみ旨なのか、自分にそんなことができるのかと迷い、道を決めかねていたのだ。ある修道院に「体験入会」という形で住まわせてもらったこともあったが、結局、その途中でわたしは結核を発病してしまった。

帰国するとすぐ、入院が決まった。結核菌が体外に放出されなくなるまでの隔離入院ということだった。やがて、わたしが感染した菌は、抗結核薬でさえ効かない「耐性菌」という特殊な菌であることが分かり、長期入院を覚悟しなければならなくなった。

入院して数か月が過ぎた頃、友人が花を持ってお見舞いに来てくれた。友人が帰った後、窓際に置かれた花にふっと目をやったとき、わたしはその美しさに胸を揺さぶられた。「花がこんなにも美しいなんて」と、わたしはしみじみ思った。窓辺に置かれたその花は、命の力に満ち、まばゆく輝いているようだった。花を見て美しいと思ったのは、あれが初めてだったと思う。

人間は、自分自身の弱さを知ったときに、初めて花の美しさに気づくのではないだろうか。か弱くも健気に咲く花を見て、その姿に自分自身を重ねるときに、わたしたちの心に生まれてくる感動。それが、花の美しさなのではないかと思う。父が愛した花たちの美しさにようやく気づくことができたのは、病気が与えてくれた大きな恵みだった。

心の深みへ

マザー・テレサに言われたからといって、神父への道を進むことをすぐ決断できたわけではない。長い間、「本当にそれでいいのか。そんなことができるのか」と思い悩む日々が続いた。「祈りの中で神に尋ねなさい」とマザーは忠告してくれたが、そもそも祈りが何なのかわかっていなかったので、迷いは深まるばかりだった。

迷いから抜け出すきっかけは、「召命とは、存在の深みで受け入れ、生きる神秘である」という教皇ヨハネ・パウロ二世の言葉だった。「存在の深み」という言葉を読んだとき、わたしは「これだ」と思った。

祈りとは、頭で考えることではなく、自分の「存在の深み」に降り、そこで神の声に耳を傾けることなのだ。これまでわたしは、「祈る」と言いながら、聖堂に入って「ああでもない、こうでもない」と考えごとをしているだけだった。それは、単に自分と向かいあい、自分の頭で考えているだけであって、祈りではない。祈りとは、神と向かいあい、神の思いを聞くことなのだ。

神の思いを聞くには、考えごとをやめ、心を沈黙させる必要がある。雑音が鳴り響く心の表面から、心の深みに降りてゆく必要があると言ってもいいかもしれない。静寂が支配する心の深みに降り立って耳を澄ますとき、わたしたちは、どこからともなく響いてくる神の声を聞くのだ。

そのことに気づいてから、わたしは、黙想会に参加するなどして祈りを深めることに集中した。その中で、あるとき、自分の心の奥深くから、自分を越えた何ものかが呼びかける声を聞いたような気がした。「あなたは、この道に進みなさい」と呼びかけるその声を聞いたとき、わたしはその声にこたえ、神父への道を歩むことを決断した。考える必要などなかった。ただ、神の声に耳を傾ければよかったのだ。

旅立ちの日

　神父になることを目指し、修道院での生活を始めたのはいまから二〇年ほど前のことだ。修道会から指定された「入会日」と呼ばれるその日、わたしは埼玉の実家を発って広島の修道院に向かった。電車を乗り継ぎ、修道院の最寄りの駅にたどりつくまではよかった。ところが、いざ改札口を出て修道院までの二〇分ほどの道を歩き始めると、心臓がドキドキし、足が急に重くなったように感じた。修道会への入会ということが、現実としてはっきり目の前に迫って来たからだ。

「これから一体どうなるのだろう。とんでもない道を選んでしまったのではないだろうか」。川べりの道を歩きながら、そんな思いが何度も胸中をよぎった。衣類や洗面道具、聖書などを入れたスポーツバッグが、肩にずっしりと食い込んでくるようだった。最後に長い坂道を上り終え、修道院の呼び鈴を押すまでの重苦しい感覚は、いまでもはっきり覚えている。

　あれはもしかすると、神父への道を妨害しようとする、悪魔の最後の誘惑だったのかもしれない。悪魔はわたしの心に、これから起こることへの不安や恐れを吹き込み、修道院へ向かうわたしの足を止めようとした。しかし、わたしは神のみ旨を信じて最後まで歩きとおした。

　実際のところ、これまでの修道生活の中で、悪魔があのとき囁いたほどひどいことはなかった。確かに苦しいことは山ほどあったが、そのたびに神さまがそれを乗り越える力もくださった。苦しみが大きければ大きいほど、与えられる恵みも大きかった。わたしたちに苦しみだけを告げ、恵みについては語らない。それが悪魔の常とう手段だ。これまでの道を守り導いてくださった神さまが、これからも必ず守ってくださると信じて、この道を歩んでゆきたい。

神の手に委ねる

フィリピンの修道院で過ごしていた頃のことだ。その修道院では、年に一度、キリスト教がまだ根付いていない地域で宣教を体験する実習があり、わたしはミンダナオ島の小さな村に送られることになった。

村に着いて一週間ほど過ぎたとき、実習先の神父がわたしに、「これから奥地の村まで行くが、ついてくるか」と尋ねた。わたしは何でも見たい、知りたいと思っていたので、すぐに「行きます」と返事をした。

奥地の村までは、歩いて三日の行程だった。途中の村までは細い道がある。だが、その村の先に、もう道はなかった。そこから先は、谷底に降り、渓流の中を歩いてゆくのだ。渓流の岩の上を歩くのは、それほど困難ではなかった。だが、川には当然深い淵もあれば、滝もある。深い淵では、荷物を頭に乗せて泳いだ。困ったのが滝だ。滝があるところは、断崖をよじ登って迂回しなければならない。崖の下には滝が轟音を立てて流れ落ちており、落ちれば命がないのは明らかだ。一緒に行った現地の若者に手を引いてもらいながら、わたしは一歩ずつ進んでいった。足場になる岩のくぼみが浅い所では、先行する若者が自分の足をくぼみに置いて足場代わりにしてくれた。

生きた心地がしないとはこのことだ。次の一歩で、真っ逆さまに落ちて死んでしまうかもしれない。だが、神は、わたしが奥地の村人たちと会うのを望んでおられる。次の一歩で死ぬかもしれないが、神のみ旨であれば前に進む以外にない、とわたしは自分に言い聞かせながら進んでいった。幸い三日目には、何とか奥地の村に到着できた。

次に何が起こるかわからないが、それでも神のみ旨であれば前に進む以外にない。自分にそう言い聞かせながら進んでゆく日々は、今も続いている。ミンダナオ島での体験は、わたしの信仰生活の一つの原点と言っていいだろう。

魂の充電

わたしが属する修道会では、入会して最初の二年間、修練と呼ばれる特別な生活をする。外部との接触を絶って丘の上の修道院に住み、時を告げる鐘の音に従って祈りと労働の日々を送るのだ。とても厳しい生活で、二年が終わって街中の修道院に移ったときには正直ほっとした。鐘の音に、もう追い立てられずにすむからだ。これからは自分で日課を決め、勉強に取り組めばいい。

そんな生活を始めて数か月が過ぎた頃、勉強に追われてしばらくのあいだ祈りを怠ったことがある。最初の数日は「ゆっくり勉強の時間が取れていいな」と思っていたのだが、三、四日たった頃からおかしな気持ちになってきた。「なぜぼくは勉強なんかしているんだろう」という疑問が湧き上がってきたのだ。その疑問はしだいに膨らみ、五日目には

「なぜぼくは修道院なんかにいるんだろう」という気持ちになって、ついに勉強する気力を失った。

五日ぶりに、わたしは必死で祈り始めた。「道を見失いそうです。神さま、どうか助けてください」と祈ったのだ。机の上の聖書を開いてイエスの言葉を味わい、「わたしに従いなさい」と呼びかけるイエスの声に耳を傾けていると、幸いなことに少しずつ心に力が戻ってきた。

この体験から、わたしは一つのことを学んだ。修道者として生きてゆくためには、祈りがどうしても必要なのだ。修練中は、つい祈りが義務のようになってしまっていたが、実は、祈りこそ修道生活の力の源であり、修道者として生きてゆくためになくてはならないものだったのだ。

携帯電話は、充電器につながないと数日で動かなくなる。同じように、聖書を開いて神さまの愛を充電しないと、わたしの心も数日で動かなくなる。できれば毎日つなぐのがいい。心の動きが鈍くなってくれば、それは充電のとき、祈りのときが来たしるしだ。

信仰を染み込ませる

神父になるためには、一〇年以上の年月がかかる。「十年一昔」というくらいだから、本当に長い道のりだ。最初のうちは「あと何年」というようなことを数えていて、神父になる日が早く来るのを願っているが、五年、一〇年とたつうちにもうそんなことを考えるのさえ忘れてしまう。その頃になって、ようやく神父になる許可の手紙が届くのだ。

なぜそんなにも長く時間をかけるのだろう。哲学や神学を学んだり、学校の現場で教えたりして、知識や体験を積むのに時間がかかるということはある。しかし、どうやらそれだけではないようだ。おそらく、信仰を心と体の隅々にまで染み込ませるのに、そのくらい時間がかかるということなのだろう。

神学生として過ごす長い年月のあいだには、数々の困難が待ち受けている。現実の厳しさに打ちのめされ、自分の限界を突き付けられながら、「もうだめだ。わたしの力ではどうにもならない」と何度思ったか分からない。その度にひどく苦しみ、仲間や先輩に相談したり、必死で祈ったりしてなんとか乗り越えてきた。そんなことを何度も繰り返す中で、「将来のことは、自分の力ではどうにもならない。神さまにすべてを委ねて、いま自分ができることに全力を尽くすのが一番だ」という確信が、少しずつ体に染み込んでいったように思う。その深い確信ゆえに先のことをもうあまり心配しなくなったころ、やっと神父になる許可が下りるのだ。

自分の弱さや小ささを自覚し、神を信頼してその御手に全てを委ねるのが信仰だとすれば、一〇年という歳月は信仰を体に染み込ませるために必要な期間だったのだろう。待つ時間は信仰を育て、信仰は時間を越えた世界へとわたしたちを誘ってゆく。そんな気がしている。

変わらないもの

年に二回、お正月とお盆には、母の住む埼玉の実家に帰ることにしている。わたしが子どもの頃、実家の周りには田んぼや畑がたくさんあった。小学校へは、毎日、田んぼの中の一本道を通って行ったものだ。それが、最近ではすっかり様子が変わった。田んぼは埋められ、畑はアスファルトで固められて、どこもかしこも住宅や駐車場になってしまった。近所を散歩していても、自分がどこにいるか分からなくなってしまうほどだ。

変わってしまった故郷を嘆きたくもなるが、よく考えてみれば、わたし自身もずいぶん変わった。真っ黒に日焼けし、虫捕り網や釣竿を持って駆け回っていた少年の面影は、もうどこにもない。いまでは、眼鏡をかけ、聖書を手にしてのその歩き回る中年太りのおじさんがいるだけだ。子どもの頃の友人がわたしを見かけたとしても、きっとすぐにわたしとは分からないだろう。

故郷もわたしも、すっかり変わってしまった。だが、変わらないものも確かにある。目を閉じて心の中を探ってゆけば、わたしの中にまだあの時の少年が生きている。満々と水をたたえた初夏の田んぼが放つ青臭いにおいも、鼻にはっきり残っているし、泥遊びをするときに感じた土の温かさも、しっかり手に残っている。少年の日のわたしをしっかり抱きとめ、ぬくもりの中で育ててくれた故郷は、いまもわたしの心の中に生きているのだ。

すでに亡くなった父や祖母の思い出も、心の中に深く刻まれて、変わることがない。年老いた母が作ってくれる手料理の味も、子どもの頃と同じだ。すべてが変わってゆく中で、いつまでも決して変わらないもの。心の奥深くにあって、いつでも帰って行ける場所。それが故郷なのかもしれない。

2 出会いの記憶

神父の主な仕事の一つは、ミサの中で話す説教を準備することだ。聖書や注解書と首っ引きで原稿を準備し、少しでもいい説教をしようと頑張っているが、どんなに準備してもベテランの神父にはかなわないと思うことがある。たとえば、先日こんなことがあった。

その日のミサでは、「貧しい人々は、幸いである」（ルカ六・二〇）というイエスの言葉が朗読された。説教を担当したのは八九歳の神父。聖書を朗読するだけでも息絶え絶えのその神父がとつとつと語ったのは「これは、なかなか難しい箇所だな。でも、貧しいからこそ幸せというのは、確かにあるんじゃないかな」ということだけだった。たったそれだけの説教だったが、わたしは深く感動した。彼の生活がその聖書の言葉そのものだったからだ。

その老神父と一緒に暮らすようになってまず驚いたのは、冷暖房を一切使わないということだった。「熱中症が怖いのでせめて冷房を」とお願いしたこともあるが、「なに、だいじょうぶ」と断られてしまった。彼は、服もほとんど持っていない。食事も、いつも冷蔵庫の残り物から先に食べる。生活費からも、医療費以外ほとんど支出がない。徹底した貧しさだ。

客観的に見ると、「何が楽しいのだろう」とも思える生活だが、わたしたちと一緒にいるとき、その老神父の顔にはいつも穏やかな笑みが浮かんでいる。イエス・キリストの教えの通りに貧しい生活をする彼の心に、神さまが目に見えない恵みを豊かに注いでくださっているのだろう。

彼の生活は、それ自体が「貧しい人々は、幸いである」というイエスの教えを証する説教だと言っていい。生涯をかけて準備した説教だから、頭で考えただけの説教とは重みがまったく違う。生き方そのもので聖書の教えを雄弁に語ることができる、そんな神父にわたしもなりたい。

ゆっくり味わう

わたしはいま、山口県の教会で、八〇代の神父たちと一緒に生活している。毎朝のミサは当番制で、当番でない神父は、当番の神父の両脇に立って一緒に祈りを捧げる。高齢の神父が当番のとき、一緒に祈りながら感じるのはスピードの違いだ。高齢の神父たちは、祭壇に道具を並べるにしても、本を開くにしても、一つひとつの動作をとてもゆっくりする。説教にしても、一言ひとことをゆっくり嚙みしめるように話す。隣に立っていてイライラすることもあるくらいだが、高齢の神父たちのミサは、信徒たちのあいだでとても評判がいい。あれをやっていたと思ったら、もうこれというように、どんどん先に進んでゆく若い神父のミサより、神さまの愛をゆっくり味わうことができるというのだ。

高齢の神父たちは、ミサだけでなく、食事にしても、どこかに出かけるにしても、すべてがゆっくりだ。食事のときは、出されたものをゆっくりと食べ、外出のときは、道で会う人たちと立ち止まって話したり、花壇の花を眺めたりしながらのんびり歩いてゆく。体が弱っていて早く動けないというのが大きな理由であるのは間違いないが、それ以上に、一つひとつのことをゆっくり味わいながら生活しているように見える。残り少なくなった人生の時間をゆっくり味わい、神さまの愛をかみしめながら生活している。そんな風に見えるのだ。

それに比べてわたしは、せっかくの時間を味わうこともなく、仕事から仕事へと駆け回るような毎日を過ごしている。世間一般では、わたしの方が時間を有効に活用しているように見えるかもしれないが、ゆっくり味わうことで時間を無駄なく、有効に活用しているのは、実は高齢の神父たちの方なのかもしれない。

捧げ尽くす

神父にもいろいろな人がいるが、すべての神父に共通していることが一つだけあると思う。それは、神に自分のすべてを捧げ尽くしているということだ。生き方はさまざまだが、どの神父も顔はまっすぐに神の方を向いている。

例えば、こんなことがあった。出張で、東京の大きな修道院に泊めてもらったときのことだ。受付で鍵をもらって部屋まで行くと、中でせっせとモップをかけている人がいる。「すみません、掃除が間にあいませんでした」と言いながらこちらを振り返ったその人の顔を見て、わたしはとても驚いた。かつて世界を股にかけて大活躍していた、ある高名な神父だったのだ。「自分でやりますから、神父さまはそんなことをなさらないでください」とわたしが言うと、その神父は静かなほほ笑みを浮かべながら、きっぱりと「これがいまのわたしに与えられた使命ですから、わたしにやらせてください」と答えた。高齢で引退してからは、その修道院の部屋の管理を任されているのだという。

その神父が元気で大活躍していた頃、いつか自分もあんな風になれるだろうかと彼に憧れていた。だが、この言葉を聞いたとき、わたしの思いはただの憧れから深い尊敬に変わった。この神父は、自分の栄光など一切眼中にない。ただ、神から与えられた使命を全力で果たしているだけだと、はっきりわかったからだ。その神父の顔には、ただ神にすべてを捧げ尽くした者だけが持つすがすがしさが宿っていた。

かつてマザー・テレサは、「わたしたちは、神から与えられた使命を果たしては去ってゆく、神のしもべにすぎません」と語った。自分のことなど一切考えず、ただ神から与えられた使命に全力を尽くす。それが、「神のしもべ」である神父の生き方なのだろう。

日々の祈り

朝のミサを終えた後、わたしは聖堂に戻って五分ほど静かに祈ることにしている。今日一日に果たすべき使命を思い巡らし、そのために必要な力を神に願うためだ。幼稚園の子どもたちに、今日も神さまの愛を伝えられますように。刑務所の受刑者たちの心に、今日も希望の光をともせますように。教会に集う人々の心の支えになれますように、などと祈っていって、最後はいつも「今日の使命を、精いっぱい果たすことができますように」と締めくくる。

先のことまで心配して祈り始めればきりがない。教会が抱えている様々な問題のこと、自分自身のこれからのことなど、気がかりなことはいくらでもある。だが、あまり先のことまでは考えないようにしている。「今日一日、自分にできる限りのことを精いっぱいにしていれば、必ず道は開ける。神さまが一番よい道を準備してくださる」と確信しているからだ。実際、どんなに先のことを考えたとしても、わたしたちが実際に変えられるのは今日だけだ。今日という日が積み重なって、未来を作ってゆく。先のことを心配するために今日を使ってしまい、今日すべきことをしなければ、自分が望むような未来はいつまでたってもやって来ないだろう。

「明日のことまで思い悩むな。……その日の苦労は、その日だけで十分である」（マタイ六・三四）と、イエス・キリストは言っている。一日一日を精いっぱい生きていれば、先のことは神さまがなんとかしてくださる。何も心配する必要などない、ということだ。先のことはすべて神さまの手に委ね、今日の使命を精いっぱい果たしてゆく。それが、わたしたちにできる最善のことであり、一番幸せな生き方ではないだろうか。

キリストの平和

八〇代の神父たちと一緒に生活していて驚くことの一つは、彼らが絶対に人の悪口を言わないということだ。誰かが人の悪口を言っても同調せず、「そうかな。でもあの人にもこんないいところがあるよ」などと言って、悪口を言われている人をかばおうとする。

それはおそらく、彼らが長い人生の中で、人間の弱さを骨身に沁みて知っているからだろう。人間には誰しも弱いところがあると知っているから、決して相手の弱点を暴き立てようとはしない。むしろ、相手の弱さを労わり、よいところを見つけようとする。それこそ、弱さを抱えた人間同士が、共に生きてゆくために一番よい道だと知っているのだ。

高齢の司祭たちは、不平不満を言うこともほとんどない。食事にしても、衣服にしても、居住環境にしても、与えられたものですっかり満足しているようだ。歳をとって欲がなくなったと言えばそれまでだが、どうも彼らには、それ以上の何かがある。一人の神父はよく、「お金や名誉をどんなに手に入れても、もっと欲しくなるだけだ」と言う。彼らは、人間が幸せに生きてゆくために必要なのは、たくさんのものではなく、むしろ神に感謝する心だと知っているのだ。たくさんのものを欲しがっても、感謝する心がない限り、いつまでたっても心が満たされることはない。だが、感謝する心さえあれば、ほんのわずかなものしかなくても、満ち足りた気持ちで生きることができる。彼らは、それを知っているのだ。

教会ではよく、「キリストの平和」という言葉を使う。世間の平和が、力によって周りの国々や人々を従わせることから生まれる平和だとすれば、「キリストの平和」は、謙虚な心で神の前に跪き、すべてに感謝することから生まれる平和だ。高齢の司祭たちは、この地上ですでに天国の平和、「キリストの平和」を先取りしているように見える。

遺志を継ぐ

宇部の教会に主任司祭として着任し、幼稚園で働くようになってから、教会と幼稚園のあいだを行ったり来たりする日々が続いている。次々とやって来る信者さんたちの相談や頼みごとに対応したり、子どもたちに絵本を読み聞かせたりしているうちに、あっという間に毎日が過ぎてゆく。

そんな日々の中で、ふと心によくない思いが入り込むことがある。「わたしは、世界の貧しい人々のために生涯を捧げた、マザー・テレサに憧れて神父になったのではなかったか。日本の片隅で、こんな平凡な日々を送っていていいのだろうか。世界を変えるような、何かもっと大きなことをすべきではないか」。

これは、典型的な悪魔の誘惑だと思う。マザーは、いつも口癖のように「小さなことに大きな愛を」と言っていた。大切なのは、大きなことをして人から評価されることではなく、小さなことを一つひとつ丁寧に、真心をこめて仕上げてゆくことなのだ。

小さなことに大きな愛を込めるとき、相手との間に確かな愛の絆が結ばれる。世間からの評価はすぐに消えてしまうが、そのようにして誰かとの間に結ばれた愛の絆は、ちょっとやそっとでは消えることがない。そのようにして結ばれた愛の絆は、わたしたちの日々に喜びをもたらし、この世界を幸せで満たしてゆく。「小さなことに大きな愛を」込めることによってこそ、わたしたちは自分を変え、世界を変えることができるのだ。平凡な日々の生活に大きな愛を注ぐことで、マザーの遺志を継ぎたい。

子どもの心

「心を入れ替えて子供のようにならなければ、決して天の国に入ることはできない」（マタイ一八・三）とイエス・キリストが聖書の中で語っているが、幼稚園で働いていると、確かに幼い子どもたちは天国に近いところにいると思うことがよくある。

たとえば、幼い子どもたちは、互いに競いあうことがない。むしろ、他の子が頑張って何かできるようになると、まるで自分のことのように喜んで、「〇〇ちゃん、あれができるんだよ。すごいんだよ」と報告しに来る。

おそらく、幼い子どもたちは、自分が親や先生たちから愛されていることに、何の疑問も抱いていないのだろう。「自分は愛されている。愛されるために、他の子と競いあう必要などまったくない」と確信しているからこそ、何のこだわりもなく、他の子のよいところを喜べるのだ。そのような子どもたちは、他の子が泣いているときには、「どうしたの」と優しく声をかけられる子どもたちでもある。心を満たした愛が、苦しんでいる友だちに向かって自然に流れ出してゆくようだ。

残念ながら、そのような子どもたちでも、年中、年長と成長してゆく中で、友だちと競争し始めることがある。兄弟姉妹が生まれたり、他の子と比較されたりする中で、しだいに自分が愛されていることに確信が持てなくなり、愛されるためには人と競わなければならないと思い始めるようだ。

イエスが言う「子供のようになる」とは、幼い子どものように、自分が神さまから愛されていると何の疑いもなく信じることだろう。他の子には他の子のよさがあり、自分には自分のよさがある。みんな神さまから愛されたかけがえのない存在なのだから、競いあう必要などまったくないと確信できる心を、幼い子どもたちに学びたい。

偉い人

「会社の社長さんで、大金持ちで、とても頭がいい人が、道で転んで泣いているお友だちと会いました。でもその社長さんは、『きみなんか知らないよ』といって、通り過ぎてしまいました。この人は、偉いですか」。

人間の偉さについて考えてもらおうと思って、幼稚園の子どもたちにこんな質問をした。すると、ほとんどの子どもが首を横に振って「ちがーう、偉くない」と答えた。社会的な地位がどんなに高くても、困っている友だちを見捨てるような人は偉くない。困っている友だちを見たときに、迷わず助けの手を差し伸べられる人こそが偉い。子どもたちは、そのことをよく知っている。人間としての偉大さは、社会的地位によってではなく、その人の心に宿った愛の深さによって決まるのだ。

「あなたがたの中で偉くなりたい者は、皆に仕える者になり、いちばん上になりたい者は、皆の僕になりなさい」（マタイ二〇・二六―二七）とイエス・キリストは言った。「自分は偉い人間だ」と思い込んで、他の人を見下し、顎でこき使うような人はちっとも偉くない。謙虚な心で人々に奉仕する人。困っている誰かのために、自分を喜んで差し出す人こそ真に偉い人だということだ。その偉さは、心に宿った愛の深さにかかっている。

生涯の終わりに、イエスは人々のために自分を差し出し、十字架に上げられた。苦しんでいる人々のために自分の命さえ差し出すことで、十字架を通って天の栄光の高みにまで上げられたのだ。その生涯は、人間の偉大さがどこにあるかを、わたしたちにはっきりと教えている。

おおらかに

幼稚園で保育の様子を見ていると、教室によってずいぶん雰囲気が違うことに気づく。ある教室では、子どもたちがのびのびと課題に取り組み、子どもたちの顔に安心と喜びが浮かんでいる。別の教室では、同じように課題に取り組んでいても、何か緊張感が漂っている。子どもたちの動きがどこかぎこちない。

その違いは、どうやら先生と子どもたちの信頼関係から生まれてくるようだ。ベテランの先生は、子どもたちの動きを熟知し、子どもたちがどんな行動をしても驚かずに対応することができる。子どもたちをあるがままに受け入れながら、教室を大きな愛で包み込んでゆくことができる。だからこそ、子どもたちはのびのびと、自由に行動できるのだろう。

ところが、まだ幼稚園で働き始めて日の浅い先生は、想定外の子どもたちの動きに戸惑い、子どもたちの動きを何とかコントロールしようとしてしまうことが多い。学校で習った理想の教室を思い描き、子どもたちを自分の思った通りに動かそうとしてしまうのだ。当然、子どもたちのあいだには緊張感が漂う。先生に気に入られようとして、子どもたちの動きがぎこちなくなってしまうのだ。

幼稚園の教室以外でも、同じようなことが言えるだろう。状況を自分の思ったままにコントロールしようとする人の周りには緊張感が漂うが、状況をあるがままに受け入れられる人の周りには安心感が漂うものだ。状況をコントロールしようとする人は、心の中で自分自身も厳しくコントロールしようとしている。理想通りの自分になろうとして、緊張しながら生活しているのだ。その緊張感が、周り人たちにも伝染してゆく。あるがままの自分を受け入れ、あるがままの状況を受け入れることができる、心のおおらかさを持ちたいと思う。

寄り添う

ある幼稚園で、以前こんなことがあった。家庭の事情で児童養護施設に引き取られ、そこから幼稚園に通園している子どもが、冬休みを終えて幼稚園に戻ったときのことだ。「冬休みはどうしていたの」と先生が聞くと、その子はうれしそうに「お母さんが迎えに来て、ディズニーランドに連れて行ってくれた」と言った。ところが後日、先生が施設の方に「よかったですね」とそのことを話すと、施設の方は怪訝な顔で、「そんなことはなかったはずです」と答えたとのこと。施設で過ごすお正月に、きっとその子は母親が迎えに来てくれるのを夢見ていたのだろう。その夢が、子どもの心の中で現実になったのかもしれない。

子どもたちは、親の愛情をそれほどに待ち望んでいる。たとえどんなに裏切られても、親の愛を固く信じ、親を悪く言うことは決してない。

そんな子どもたちの姿を見ると、わたしたちは子どもを愛さずにいられなくなる。親の代わりにはなれなくても、できる限りのことをしてあげたいと思うのだ。

親からの愛を十分に受けられない子どもは、ときに、先生の気を引こうとして他の子に意地悪をしたり、ものを隠したりすることもある。そんなときこそ、先生の腕の見せどころだ。本当の問題は愛への飢えだと気づいて、子どもの寂しさにしっかり寄り添い、温かな声かけをしてゆくうちに、問題行動はしだいに収まってゆくことが多い。

子どもをあるがままに受け入れ、温かく包み込む神さまの愛は、親の心に宿り、親を通して子どもに注がれる。もし親が愛を注げない場合でも、神さまの愛は子どもを取り囲む大人たちの心に宿り、子どもに注がれる。心に宿った愛を、子どもたちに惜しみなく注いでゆきたい。

自分育て

インドの貧しい人々への奉仕に一生を捧げたことで知られるマザー・テレサが、あるとき新聞記者から「あなたはなぜ、自分を犠牲にしてまで貧しい人たちを助けられるのですか」と質問された。マザーは次のように答えたという。「それは、わたしにとって当然のことです。わたしはそのように育てられたのです」。

マザーが子どもの頃、市場に買い物に出かけたはずの彼女の母親が、ときどき空のバスケットを下げて帰ってくることがあったという。マザーが「どうしたのお母さん」と尋ねると母親は、「買い物をして帰ってくる途中で、アンナさんと会ったの。アンナさんの家では食べる物が何もないというから、買ったものを差し上げてきました。わたしたちは、今日、アンナさんたちのために食事を我慢しましょう」などと答えるのが常だったという。

このような母親に育てられる中で、マザーは、苦しんでいる人がいたら、自分を犠牲にしてでも助けてあげるのが当たり前と思う人物に育っていった。インドのスラム街で存分に発揮されたマザーの奉仕の心は、実は、母親から引き継いだものだったのだ。

子育ては、自分育てだとよく言われる。思いやりのある子どもを育てたいなら、まず自分自身を思いやりのある大人に育てる以外にないのだ。自分が実践できていない高い理想を、子どもだけに求めても、それは無理なことだろう。子どもが思ったとおりに育ってくれないと感じるならば、それを嘆く前に、自分自身が自分の思ったとおりに生きられているかを確認する必要がある。子どもを育てると同時に、自分自身を育ててゆきたい。

悔い改める

キリスト教の出発点に、一つの悔い改めがある。それは、イエス・キリストの弟子たちの悔い改めだ。イエスが捕縛され、十字架で処刑されたとき、弟子たちはイエスを置いて逃げるという罪を犯した。イエスが、弟子たちを恨んだとしても当然だっただろう。ところが、イエスは、弟子たちのしたことをあっさりゆるした。復活して弟子たちの前に現れ、まるで何事もなかったかのように、「あなたがたに平和があるように」(ヨハネ二〇・一九)と弟子たちに話しかけたのだ。罪がゆるされたことを知った弟子たちの喜びは、一体どれほどだっただろう。「これほどまでに自分たちを愛してくれるイエスを、二度と裏切るまい」と弟子たちは心の中で誓ったに違いない。この出来事の後、しばらくして弟子たちは世界への布教活動を始めた。厳しい迫害を受けても、今度は逃げなかった。皆、イエスへの愛を守り、殉教していったのだ。弟子たちの悔い改めから、キリスト教が始まったと言っていいだろう。

このような悔い改めは、わたしが宗教講話のために通っている刑務所でも見られる。受刑者たちは、自分が迷惑をかけた家族から手紙を受け取り、家族が自分を待っていてくれることを知ったとき、「二度と家族を悲しませるようなことはすまい」と決意する。更生の機会を与えられ、刑務官たちから親身な指導を受ける中で、「二度と社会に迷惑をかけるようなことはすまい」と決意する。

「これほどまでに自分を愛してくれる人たちを悲しませるようなことは、二度とすまい」と誓う決意こそ、悔い改めの原動力だ。愛の中から生まれてきたわたしたち人間は、愛の中でのみ生まれ変わることができる。神さまの愛、家族や友人たちの愛をしっかり胸に刻むことから、新しい生活を始めたい。

何もない幸せ

東日本大震災の津波で大きな被害を受けた、宮城県牡鹿(おしか)半島で、仮設住宅に一人で住むご高齢の信者さんを訪ねたことがある。すでにご主人を病気で亡くし、今回の津波で住み慣れた家も家財道具もすべて流されてしまったということで、少しでも励ませればと思ったからだ。

ところが、プレハブ長屋のような仮設住宅の一室で出会ったその女性の顔は、すがすがしい笑みで輝いていた。土台だけが残された家々の跡に、材木や瓦礫、漁具などが散乱している街の様子を見た直後だっただけに、その笑顔はわたしにとってまったく意外なものだった。作られた笑顔ではない。控えめながらなんの迷いもない、心の底から静かに湧き上がってくるような笑顔だった。

わたしは思わず「どうしてそんなにうれしそうなんですか」と彼女に

尋ねた。すると彼女は机の上に置いてあった一冊の本を手に取って見せながら「わたしには、この聖書さえあれば十分なんです」と答えた。その聖書も、津波のあとで友人が差し入れてくれたという使い古しの聖書だった。

「寄る年波」という言葉があるが、津波だけでなく、歳月の波もまたわたしたちから多くのものを奪い去っていく。健康、財産、友人、家族、かけがえのないそれらのものを一つひとつ失い、最後に残されたものは聖書だけという状況になったとき、彼女のような顔で笑えるだろうか。

ブラジルの奥地で働く一人の宣教師が、「何もないジャングルの村での夜、小さな十字架の上のイエスと一緒に過ごすことが無上の喜びだ」と、彼女と同じような笑顔を浮かべて話していたのを思い出す。すべてを失ったとしてもただ神と共にいることで満足し、心の底から笑顔を浮かべられる人になりたい。

信頼の絆

熊本地震の折りに、地元のＹＭＣＡが目覚ましい活躍をした。震災が起こるやいなや、最も大きな被害を受けた益城町の総合体育館と御船町のスポーツセンターの避難所の運営を行政から委ねられ、千数百人の避難者たちの救援活動を行ったのだ。スタッフたちは、連日ほとんど不眠不休で働き、避難者たち、とりわけお年寄りや子ども、子育て中の母親などにきめ細やかなケアを行った。

災害が起こるたびに、すぐにでも飛んで行って何かお手伝いしたいと思うが、実行するのはなかなか難しい。では、なぜ熊本のＹＭＣＡは今回、これほどすばやく、効果的な支援活動を展開できたのだろう。それは、平素からの活動によって、地域の人々と深い信頼関係を築き上げていたからだと思われる。保育園や専門学校、スポーツクラブなどを通じて、何千何万もの人々と関わり、地域との間に信頼関係を築いていたからこそ、この震災にあたって行政はＹＭＣＡに避難所を委ねたのだろう。

　平素の信頼関係の絆は、緊急時には助け合いの絆に変わる。普段から地域との信頼関係を築いておくことが、そのまま防災につながる。熊本地震の被災地に入ってＹＭＣＡの活動をお手伝いする中で、わたしはそのことを学んだ。緊急事態になったとき、急に支援活動をしようとしても手遅れなのだ。

　これは、地震や台風などの自然災害に限らないだろう。誰かが病気やけが、人間関係の大きなトラブルなどで苦しんでいるときにも、同じことが当てはまる。平素から信頼関係を作っておけば助けの手を差し伸べることもできるが、普段、話したこともないような相手であれば、どんなに助けたくても相手は心を開いてくれないだろう。困っている人を助けたいという思いを形にし、愛を実践するためには、平素からの信頼関係が必要なのだ。

大自然の命

自然災害によって心に傷を負った子どもたちのために、阿蘇で行われる夏のキャンプに、わたしも宗教家として毎年参加している。プログラムの中で子どもたちに一番人気があるのは、大草原の中を馬の背に揺られて散策する「ホースライディング」だ。わたしも一度、子どもたちに混じって乗せてもらったことがある。

馬の背にまたがってまず感じたのは、馬のぬくもりだった。命のぬくもりといってもいいかもしれない。そのぬくもりに身を委ね、見渡す限り広がる緑の草原を、さわやかな高原の風に吹かれながら進んでゆく。はじめはちょっと怖い気もするが、怖さはすぐに消え、あとには馬への信頼だけが残る。まさに、大自然と一体になる体験と言っていいだろう。牧場をぐるりと一周して戻って来る頃には、心も体もすっかりほぐされ、うきうきと歌いたくなるような喜びが心を満たしている。大自然とつながった喜びと言ってもいいかもしれない。馬の背中のぬくもりが、大自然の命と、わたしたちの命をつないでくれたのだ。

大自然の命とつながって生きる。それは、人間の本来のあり方なのだろう。街中で暮らしていると、そのつながりが少しずつ薄れてゆく。自分が大自然の命に守られ、生かされていること、自分も大自然の命の一部であることを忘れてしまうのだ。その結果、わたしたちの心は喜びを失い、孤独や不安、恐れにむしばまれ、次第に力を失ってゆく。そんな気がする。すべての生き物の中に宿り、すべての生き物に力を与える、人間の想像をはるかに越えた大きな命。それを神と呼んでもいいだろう。夏のキャンプは、大自然との交わり、神との交わりを取り戻し、人間本来の姿を取り戻すための絶好のチャンスなのだ。

生かされる

「なぜ生きなければならないのか」と、若者から問われることがある。わたし自身も、「何のために生きるのか」と、若い頃よく考えていた。どんなに考えても答えの出ない難問だが、もしかすると問いの立て方が間違っているのかもしれない。わたしたちは、「生きる」というより、むしろ「生かされている」存在なのではないだろうか。

心臓の動きを考えてみれば、そのことが分かる。毒を使ったり、刃物で傷つけたりして、心臓の動きを自分の意思で止めることは確かにできるだろう。だが逆に、心臓が止まろうとするとき、それを自分の意思で動かし続けることは決してできない。どんなに生きたいと願い、心臓に「動き続けろ」と命じても、心臓は時が来れば止まってしまうのだ。そもそも、自分の意思で母の胎に宿り、生まれてきた人はいないだろう。

つまり、わたしたちは、自分の意思で死ぬことはできても、自分の意思で生きることはできない。わたしたちは、「生きる」というより、むしろ「生かされている」存在なのだ。

だから、わたしたちが人生の意味を問うなら、「何のために生きるのか」ではなく、「何のために生かされているのか」が正しい問い方だろう。問いの答えを、すぐに出す必要もない。人間を越えた大いなる命、創造主である神がわたしたちを造り、生かしているなら、わたしたちの生に意味があるのは間違いないからだ。「いまは分からなくても、この人生には必ず意味がある」と信じ、与えられた命を精いっぱい生きる。それだけでいいのだ。野に咲く花は、「何のために生きるのか」と悩んだりしない。ただ、命の限り、精いっぱいに咲くだけだ。それが、生かされてあるものの本来の姿なのだろう。

意味を問う

十字架上での苦しみが極みに達したとき、イエスの口から「わが神、わが神、なぜわたしをお見捨てになったのですか」（マタイ二七・四六）という言葉が出たと聖書は伝えている。救世主らしからぬ意外な言葉ともとれるが、この言葉の中には、人間が大きな苦しみを乗り越えてゆくための究極の道が示されているように思う。「なぜ」という問いの背後には、いまの自分には理解できないが、この苦しみには必ず意味があるというイエスの確信が隠されているからだ。どんな苦しみにも必ず意味があると信じ、その意味を神に問い続ける。それこそ、極限の苦しみの中にあって人間ができる唯一のことではないだろうか。

日々の生活の中で、「なぜ、こんな目に会わなければならないんだ」と思うほど苦しいことはときどきある。その問いを、自分や周りの人たちに向けても答えは出てこない。その問いは、神に向けるべき問いなのだ。「神さま、なぜわたしがこんな目に会わなければならないのですか」と神に問いかけるなら、神は必ずその答えを与えてくださる。それは、言葉で表現できるような答えではないかもしれない。だが、必死に神に問いかけているときに、神の存在をふっと身近に感じ、心の底から安らぎや喜び、力が湧き上がってきたなら、それこそ神の答えなのだ。「どんな苦しみにも、必ず意味がある」という確信が、わたしたちと神を結びつけ、絶望を希望に変えると言ってもいいかもしれない。

わたしもいつか、避けがたい状況で死と向かいあわなければならないときが来るだろう。そのとき、「神にすべてを委ねます」などと言って、悟り澄ましたような顔はできないと思う。きっと、「神さま、なぜわたしをお見捨てになったのですか」と泣き叫ぶはずだ。そのときにこそ、神はわたしに、人生の本当の意味を解き明かしてくださるに違いない。

傲慢の壁

わたしが住んでいた頃、神戸の町では年に一度、プロテスタントとカトリックの若者たちが合同で祈りの集いを行っていた。普段は出会うことがないキリストの兄弟姉妹が、この日だけは一堂に会し、声を合わせて美しい讃美の歌を響かせるのだ。歌っているとき、わたしたちの間にプロテスタントとカトリックという隔たりはどこにもなかった。神を讃える謙虚な祈りはわたしたちの思いを一つに結びつけ、歌声の響きの中でわたしたちの心は一つに溶けあっていった。

プロテスタントとカトリックを隔てているのは何だろう。それは、自分たちこそが正しい、相手は間違っているという思い込みではないだろうか。神の前には、自分たちなど取るに足りない存在にすぎないことを忘れ、自分たちだけが正しいと思いこんで相手を裁くとき、わたしたちの間に壁が生まれるのだ。共に神の前に跪き、祈りの中で自分たちがどれほど小さな存在であるかに気づくとき、その壁は崩れ去り、わたしたちは一つに結ばれる。

　これは、プロテスタントとカトリックの間だけでなく、この世にある多くの隔たりの壁に当てはまるのではないだろうか。自分の考えや立場を絶対化して、「あの人は間違っている」「あの人たちはおかしい」と断言するほど傲慢になるとき、わたしたちの間に壁が生まれる。そんなことを言えるほど、自分は偉いのだろうか。わたしたちはその人たちについて、あるいは自分自身について、一体どれほどのことを知っているのだろうか。そう思って謙虚な心を取り戻すことさえできれば、わたしたちを隔てる傲慢の壁は、脆くも崩れ去るだろう。跪いて祈るような気持ちで、壁のない世界、全ての人が互いへの尊敬と愛で結ばれた世界を作ってゆきたい。

わらを入れる

毎年クリスマスが近づいてくると、昔、インドのカルカッタでボランティアとして働いていていたときにマザー・テレサから聞いた、「飼い葉桶」の話を思い出す。

カルカッタにある、マザー・テレサが創立した修道会「神の愛の宣教者会」の本部修道院には、毎年この時期になるとご降誕の飾りが作られる。ある朝、マザーはボランティアたちをその周りに集め、飾りの中央に置かれた空の飼い葉桶を指差しながら次のように話した。

「これからクリスマスが来るまでに、イエスさまのためにできる限りの犠牲を捧げなさい。そして犠牲を捧げるたびにここへ来て、飼い葉桶の中にわらを一本入れなさい」。

犠牲は、贅沢を我慢するとか、誰かをゆるすとか、人が嫌がる仕事を買って出るとか、どんなことでもいい。わたしたちは、さっそく教えを実践し始めた。疲れていてもバスに乗りたいのを我慢し、歩いて帰ってきては一本、誰かに注意されても言い返したいのをぐっと我慢しては一本、汚れにまみれて運ばれてきた患者さんの体を、すみずみまできれいに洗ってあげては一本。そうやって入れていくうちに、大きな飼い葉桶はわらで一杯になった。

クリスマス・ミサの直前、マザーはわたしたちを再び集めて言った。「ここに入っているわらの一本一本は、皆さんの愛です。犠牲を捧げるたび、皆さんの心にも愛のわらが一本ずつ入れられました。今、この飼い葉桶だけでなく、皆さんの心にもわらがふかふかに敷き詰められているはずです。さあ、イエスさまをお迎えしましょう」。

生まれてくる幼子イエスを、寒々しい心の飼い葉桶に迎えたくはない。クリスマスまでに、今年はいったい何本のわらを入れられるだろうか。

喜びと安らぎ

かつてボランティアとして働いていた、「神の愛の宣教者会」本部修道院を一四年ぶりに訪ねたときのことだ。マザー・テレサが亡くなってから一度もカルカッタを訪れていなかったわたしにとって、この訪問は、修道院の中に設けられている彼女の墓への最初の墓参りでもあった。

マザーの墓がある大きな部屋に入ったとき、墓に近づくのがためらわれた。マザーが死んでしまったという現実に向かいあう勇気がなかったのだ。わたしはしばらく部屋の隅に立って墓を眺めていたが、せっかくここまで来たのだからと意を決して墓に近づき、その前に跪いてしばらく目を閉じてみた。そして、心の中でマザーに「おかげさまで、何とか神父になって戻って来られました」と語りかけた。そのとき、わたしの心にまったく思いがけないことが起こった。悲しみをこらえられなくなるかと思いきや、何と心の奥底から喜びと安らぎが湧き上がってきたのだ。

わたしは戸惑い、しばらく気持ちを落ち着けて自分の心に何が起こったのかと考えた。記憶のひだを探っていくうちに、その答えは間もなく見つかった。心の深みからあふれ出す温かな喜びと安らぎ、これは一四年前マザーの傍にいたときに味わったあの感覚に間違いない。そのときわたしは直感した。「マザーは死んでなどいない。マザーは生きている」。

頭で考えれば死んでしまった人が生きているはずはないが、あのとき、わたしの心は死んだはずのマザーとの出会いをしっかりと感じ取っていた。目を閉じて語りかけると、今もマザーが傍にいてくれるのをはっきりと感じた。もしかすると、聖書に記された復活という出来事には、弟子たちのこのような体験も含まれているのかもしれない。復活とは、頭で理解するというより、むしろ心で感じることなのだろう。

3 日々の記憶

世界の本当の姿

世界が輝いて見える。そんな不思議な体験をしたことがある。黙想の家に滞在して、三〇日のあいだ集中的に祈る、「霊操」と呼ばれる祈りのプログラムに参加したときのことだ。長い祈りの合間に、ちょっと散歩をしようと黙想の家の庭に出たとき、わたしは思わず自分の目を疑った。いつも見慣れた庭の木や花、石や地面さえもが、光り輝いているように見えたからだ。すべてがあまりに色鮮やかで、「世界はこれほどまでに美しかったのか」と感動の涙がこぼれるほどだった。初めてこの世界の本当の姿を見たという気さえした。

しかし、残念ながらその感覚は長くは続かなかった。黙想会が終わって数日が過ぎると、世界はまた元に戻ってしまった。「神さまと向かいあう長い祈りの期間に心の目が研ぎ澄まされたから、あのとき世界の本当の姿が見えたのだろう」と、わたしは思っている。普段はさまざまな心配事や悩み、焦りや苛立ちなどで心の目が曇らされていて、世界の本当の姿が見えていないということだ。心配事や悩み、焦りや苛立ちなどでくすんだ目に、世界はくすんで見える。すべてを神さまの手に委ね、澄みきった目には、神さまが造られたままの色鮮やかな世界が映る。きっとそういうことだろう。世界がどんな色に見えるかは、わたしたちの心次第なのだ。

黒いサングラスをかけると、世界は黒く見える。もし世界が灰色に見えるようなことがあれば、それはわたしたちの心が灰色になっているからだろう。神さまがお造りになったこの世界は、いまこの瞬間にも、まばゆく輝き続けている。世界の本当の姿を見失わないために、いつも心を透明にしていたい。

心で撮る

感動的な景色と出会っても、すぐ写真を撮ってはいけない。まずは、景色をよく眺め、その景色の何が自分の心を揺さぶるのか、自分は何に感動しているのかしっかり確認する必要がある。感動の核にあるものが確認できたら、それを伝えるために最もふさわしい構図や光を選び、それからシャッターを押す。写真を撮るとき、わたしはそのように心がけている。

自分が何に感動しているのかよく分からないまま、とりあえずその景色にカメラを向けて撮っても、何を撮ったのかよく分からない写真になる。本人も何に感動しているのか分かっていないのだから、それは当然だろう。まずは景色と向かい合い、自分自身の心と向かい合う。そして、感動の核にあるものを撮るのだ。写真は、心で撮ると言ってもいいだろう。

　神さまは、あらゆる景色を通して、わたしたちに語りかけている。写真を撮るというのは、神さまの語るメッセージを写し取ることだとわたしは思っている。忙しさの中で多くの人が聞き逃しているメッセージを写真に収め、必要としている人たちに届けるのだ。そのためには、まず自分がしっかり、神さまからのメッセージに耳を傾ける必要がある。

　これは、文章を書くときも同じだ。自分が何を伝えたいのかよく分からないまま文章を書き始めると、何が言いたいのかよく分からない文章が出来上がる。まずは、自分の心にしっかり耳を傾ける必要がある。自分はいま、何に感動しているのか、何を伝えたいのかをしっかり聞き取るのだ。それは、心の底から語りかける神の声に耳を傾ける作業でもある。神がわたしを通して人々に何を語りたいと望んでおられるのか。それをしっかり確かめてから書き始める。心で撮り、心で書く。それを忘れないようにしたい。

半径5mの感動

写真を撮るとき、わたしが座右の銘にしているのは、「感動するために必要なものは、いつも半径5m以内にある」という言葉だ。カメラを持つと、つい気負って遠くにある雄大な景色や珍しいものを撮りに出かけたくなる。だが、感動を見つけるために、そんなに遠くまで出かける必要はない。

例えば、庭に生えている小さな雑草。ふだんは無視して通り過ぎているが、しゃがんで顔を近づけると、思いがけない感動に出会う。まるで早春の空を映し出したかのようなオオイヌノフグリの淡いブルー。なんという美しさだろう。あるいは、木の梢でさえずっているスズメ。レンズを通してじっと見つめていると、その愛らしいしぐさやとぼけた表情に魅了され、時間を忘れてしまう。

いつも会っている友だちの中にも、感動を見つけることはできる。改めてしげしげと顔を見つめると、なんと風格のあるしわ、なんと気品のある白髪。そこでパシャリと写真を撮ることもある。よく見れば、一人ひとりの顔にそれぞれの美しさがあり、どの顔も絵になるのだ。

一番近くにある感動は、自分自身だろう。体重をしっかり支えどこへでも運んでくれる力強い足。思うままに動いて何でも掴むことができる手。顔だって、ハンサムとはいかないまでも、これはこれでまあまあ悪くない。自分で自分の写真を撮ることまではしないが、自分自身の命の素晴らしさに気づいて感動するとき、木々や草花、友人たちの命も、さらに輝きを増すような気がする。

わざわざ遠くまで出かける必要はない。神さまがお造りになったこの世界は、いたるところ感動に満ちている。まずは、一番近くにあるもの、自分自身の命に感動することから始めたい。

名前を覚える

趣味で花の写真を撮るようになってから、一つのひとつの花の名前を調べるようになった。人に見せるときに説明しやすいし、自分の記憶を整理するのにも役立つからだ。すると不思議なことが起こった。毎日の散歩が、前よりもずっと楽しくなったのだ。例えば、これまでは「あぁ、何か白い花がたくさん咲いている」としか思わなかった景色を見て、「今年もまたタマスダレが元気に花を咲かせた。なんて愛らしいんだろう」などと思えるようになった。ときには立ち止まり、しゃがんでじっくり眺めることもある。最近は、樹木の名前も覚えるようになって、ますます散歩が楽しくなってきた。

身近な植物の名前を覚えることは、わたしたちの生活を豊かにしてくれるように思う。名前を知らなければ、「いつもの花」「ありふれた木」

としか思わず、考えごとをして通り過ぎてしまったかもしれない景色が、心を揺さぶる、意味のある風景に変わるからだ。花や木に関心を持ち、立ち止まって顔を近づけることで、美しさへの感動や、生命の力強さへの驚きなどが生まれてくる。それらの小さな気づきが、わたしたちの心を喜びや力で満たしてゆくのだ。注意してよく見れば、この世界は感動と驚きにあふれている。それに気づくことさえできれば、わたしたちはいつも満ち足りた気持ちで生きられるだろう。

心豊かに生きるための方法は、高いお金を払って芝居やコンサートに出かけたり、遠くの名所旧跡を旅したりすることだけではない。道端に咲く小さな花や公園の木々の名前を覚え、それらに関心を持つだけでも、わたしたちの心は感動と驚きに震え、喜びや力で満たされる。心を豊かにしてくれるものは、いつでもわたしたちのすぐ近くにあって、わたしたちが気づくのを待っているのだ。

神さまの時間

子育て中の鳥の親子や、光を浴びて輝く花の写真などを人に見せると、「どうしたら、こんな瞬間を写真に収められるんですか」と尋ねられることがある。「それは、暇だからです」と、わたしは答えることにしている。

実際、忙しくて目の前の花や鳥をゆっくり眺める時間のないときに、よい写真を撮ることはできない。「あれもしなければ、これもしなければ」と次のことを考えながら、そそくさと写真を撮っても、決していい写真にはならないのだ。撮影に出かけるときは、他のことをすべて脇に置いて、撮りたい花や鳥たちに気持ちを集中する必要がある。あわただしい人間の時間の流れを離れて、花や鳥の時間の流れに身を委ねると言ってもいいだろう。花には花の時間があり、鳥には鳥の時間がある。

「次の仕事があるから一〇分のうちに写真を撮ろう」というような気持ちを捨て、人間の時間を忘れて花や鳥と向かい合わなければ、決していい写真は撮れないのだ。

時間を忘れて写真を撮るうちに、花や鳥は、わたしたちがこれまでに見たことのないような表情や動きを見せてくれる。「わたしは、花や鳥のことを何も知らなかった」と思わされるようなことも度々ある。人間の時間を離れ、自然の時間の流れの中に迷い込んできた人間だけに、自然は自分の本当の顔を見せてくれるのかもしれない。

神さまに祈るときも、それとまったく同じだ。「あれもしなければ、これもしなければ」という考えをいったん脇に置き、神さまだけをじっと見つめる祈りの時間の中で、わたしたちはこれまでに知らなかった神さまの愛の深さに気づかされる。花や鳥たちの時間、神さまの時間に身を委ねる心のゆとりを大切にしたい。

最高傑作

世界は神さまによって造られたと、キリスト教では信じている。空や大地、海、そこに生きる木々や草花、動物、魚、そしてわたしたち人間の一人ひとりも、神さまによって造られたということだ。最初の人間であるアダムは泥から造られたと聖書に記されているが、神さまはきっと、陶芸家が土をこねて器を作るように、わたしたち一人ひとりを丁寧に形作られるのだろう。わたしはそんな風に想像している。

神さまという陶芸家は、何かを造るときに手を抜くことがない。どの作品も、妥協なく、完璧に仕上げてからこの世界に送り出す。だから、言ってみれば、わたしたちの誰もが神さまの最高傑作なのだ。少なくとも、神さまが造ったものに失敗作など存在しない。

ところが、そう言われてもわたしたちはなかなか納得できない。「何のとりえもないありふれたわたしの、どこが最高傑作なのだろう」と疑ってしまうのだ。だが、それは単に、わたしたちに見る目がないということに過ぎない。わたしたちの目には何の変哲もないありふれた茶碗にしか見えないものが、古美術鑑定家に見せると数十万円の価値を持つ逸品だと分かる。そんな場面をテレビ番組などで見るが、わたしたちが自分自身について「ありふれたつまらない人間だ」としか思えないのも、きっとそれと同じことなのだ。

神さまの目には、自分では気づかないわたしたちのよさが映っている。「このなんとも言えず絶妙なぼけ具合。これは世界でたった一つだ」「このどっしりした素晴らしい安定感。これはこの人だけのものだ」。神さまはそのようにわたしたち一人ひとりを見ておられる。わたしたちは誰も、自分にしかないよさを持った、世界でたった一つの逸品なのだ。神さまによって造られた、世界でたった一人だけの自分に、わたしたちはもっと自信を持っていいだろう。

ラブレター

散歩の途中で、大きな菜の花畑を見つけた。数千本は植えられているだろう。まるで、辺り一面に黄色い絨毯が敷き詰められているようだった。美しさに心を奪われ、わたしはしばらくその場に立ち尽くした。そのときふと、菜の花のやさしい黄色の向こう側から「小さなことでくよくよするな。頑張れ」という励ましの声が聞こえたような気がした。眺めているうちに、心の底から喜びと力が湧き上がってきた。

散歩をしていると、自然の美しさを通して、神さまから話しかけられたような気持ちになることがある。自然の美しさを通して、神さまはわたしたちに愛のメッセージを語りかけているのだ。わたしたちを取り巻く自然は、愛のメッセージをたっぷりと詰め込んだ、神さまからのラブレターだと言っていいだろう。

ラブレターを読むとき、わたしたちはその中にこめられた相手の愛を感じて幸せな気持ちになる。だが、もっと幸せなのは、ラブレターをくれた本人と出会い、相手と直接に向かいあうことだろう。もし神さまと直接に出会えれば、その喜びはラブレターの比ではないはずだ。

神さまは、天国におられるという。いつかこの世を去って天国に行くとき、わたしたちはラブレターをくれた張本人である神さまご自身と、顔と顔を合わせて出会うことになるのだ。そう考えると、この地上を去ることはあまり恐ろしくなくなる。むしろ、こんなに素晴らしいラブレターをくれたのは、どんな方なのだろうかと思って心がわくわくする。神さまの笑顔を直接に見つめるとき、わたしたちは時間さえ忘れてしまうに違いない。天国でわたしたちは、時間を忘れ、永遠に神さまの愛の中にとどまりつづけるのだ。日々届くラブレターを読みながら、天国で神さまと出会える日を楽しみにして待ちたい。

命の重さ

厳しい自然を精いっぱいに生き抜こうとしている野の鳥や動物たちの姿を見るとき、わたしたちは命の尊さに心を打たれる。「あいつらは、食べて寝るだけで社会の役に立っていないから、生きる価値がない」と考える人はあまり多くないだろう。社会の役に立とうが立つまいが、精いっぱいに生きているというだけで、それらの命には価値があるのだ。

ところが人間のあいだでは、「社会の役に立つ人間には生きる価値があるが、役に立たない人間には生きる価値がない」という考え方がまかり通っている。病気にかかって働けなくなった人が「わたしは社会の役に立っていないから生きる資格がない」と思いつめて自殺を試みるという痛ましい話から、若者が「社会の役に立たない人間には生きている資格がない」と考えて障がい者を殺害するという悲惨な事件まで、人間社会のあちこちでこの考え方が悲劇を引き起こしているのだ。

「この命には生きる価値があるが、あの命には生きる価値がない」とか「わたしの命の方が、あの人の命より価値がある」などと、いったい誰が言えるだろうか。どんなに頑張っても、人間の力だけで命を造り出すことはできない。すべての命は神から与えられるものであり、人間は結局のところ、命の神秘の前にひざまずく以外にないのだ。

思いつめて「社会の役に立たないから、わたしには生きる価値がない」と考えるとき、あるいは思い上がって「あいつは、社会の役に立たないから生きる価値がない」と考えるとき、わたしたちは大きな考え違いをしている。命の価値は、人間が決めるものではない。神によって造られたというだけで、精いっぱいに生きているというだけで、すべての命には限りない価値があるのだ。

できること

どんな人にも、神さまから与えられた使命があるという。では、たとえば病気で寝たきりの人はどうだろう。こんな話を聞いたことがある。

ある若い神父が、宣教のため、貧しい国に派遣されることになった。出発の前に彼は、以前から見舞いに通っていた寝たきりの高齢者に挨拶に行くことにした。自分は元気で出かけてゆくが、この高齢者は寝たきりで残されると思うと、内心、気が重かったそうだ。ところが、彼が事情を話すと、思いがけないことが起こった。その高齢者は、穏やかな笑顔で「では、あなたは健康の方で頑張ってください。わたしは、病気の方で最後まで頑張ります」と言ったのだ。

健康の方で頑張るとは、貧しい人々のために働くことで、神の国を実現するということだろう。病気の方で頑張るとは、どれほど病気がひどくなっても、最後まで希望を捨てずに祈り続けるということだ。この言葉を聞いた神父は、その高齢者の方が、自分よりはるかに偉大なことをしているのではないかと思ったという。病気の人には、病気に負けず、最後の瞬間まで命を輝かせるという尊い使命がある。どれほど困難な状況にあっても諦めないその姿は、たくさんの人々に生きる希望を与えることだろう。

病状が悪化し、意識さえなくなっても、まだできることはある。たとえ会話できなくなっても、命のぬくもりがそこに存在するというだけで、家族や友人たちの支えになることができる。世話をしてもらうこともできるし、愛を受け止めることもできる。いなくなってしまえば、家族や友人たちはもう世話をすることも、目に見える形で愛を注ぐこともできないのだ。どんな人にも、神さまから与えられた使命がある。そう信じて、自分にできることを見つけたい。

空の鳥をよく見なさい

「明日は何を食べよう、何を着よう。どうやって暮らしてゆこう」などと先のことを心配して思い悩んでいる人々に、イエス・キリストは、「空の鳥をよく見なさい」と語りかけた。鳥たちは社会的な成功をおさめているわけでも、立派な仕事をしているわけでもない。それにもかかわらず、神さまは毎日の糧を与え、養ってくださっている。鳥たちでさえそうなのだから、もしわたしたち人間が失敗し、何もできなくなったとしても、神さまは必ず生きてゆくために必要なものを与えてくださるに違いない。先のことは神さまの手に委ねて、鳥たちのように、一日一日を精いっぱいに生きなさいというのだ。

そもそも、先のことをあれこれ思い煩ったところで、明日まで生きている保証さえわたしたち人間にはない。それどころか、一分先に何が起こるかさえ予測できないのが人間の限界だ。先のことをあれこれ思い煩っても、あまり意味がない。わたしたちにできるのは、与えられた今この瞬間を精いっぱいに生きることだけなのだ。

仕事に追われ、様々なことに思い悩む日々の中で、わたしたちは空の鳥をじっと見たり、道端の花に目をとめたりするゆとりを失っている。そんなときにこそ、「空の鳥をよく見なさい」(マタイ六・二六)というイエスの言葉を思い出したい。鳥や花、空をゆく雲の美しさに魅了され、時間を忘れて大自然と向かい合っているうちに、日々の生活の思い煩いで疲れ切った心は少しずつ癒されてゆく。そして、あわただしい生活の中で忘れていた大切なことを思い出す。わたしたちは、神さまの大きな愛の中で生きている。先のことなど、何も心配する必要がないのだ。空を飛ぶ鳥や野に咲く花のように、一日一日を精いっぱい生きてゆきたい。

朝顔のつる

夏のあいだ、教会の軒先で朝顔が毎日たくさんの花を咲かせていた。薄いブルーやピンク、濃い紫など色とりどりの花が入り混じって咲くので、「今日はどんな花が咲くか」とわたしは毎日楽しみにしていた。

茎はとても細いのに、どんどん伸びて大輪の花を咲かせる朝顔。その秘密は、つるがしっかりと支柱にまきついていることにあるようだ。伸び始めたばかりの朝顔のつるは、しばらくのあいだ宙を探るようにして頼りなくさまよう。しかし、一度支柱を見つけるとそれにしっかりつかまり、高みを目指してどこまでも伸びていく。今年の朝顔のうち、何本かはついに屋根の上に花を咲かせるに至った。

その姿を見ているうちに、人間の成長にも似たところがあるかなと思った。わたしたち人間も、高みを目指して伸びようとするとき、つかまる支柱が必要だ。青年は、しばらくのあいだ宙を探るようにして人生に迷うが、一度何か支柱を見つけるとそれにつかまってどんどん伸びてゆく。ある人は家族を、ある人は正義を、ある人は知的探究心を、それぞれの支柱にして伸びてゆくのだ。

キリスト教徒であれば、つかまる支柱はきっと十字架だろう。朝顔のつるのようにしっかり十字架につかまって伸びていく限り、未来には何の心配もない。どんなに細く弱い茎であったとしても、色とりどりの大輪の花を咲かせることができるだろう。祈りの中で、しっかりと十字架に、イエス・キリストにしがみつきながら成長していきたい。

十字架の先端は、屋根の上、天の国にまで伸びている。這い登っていくうち、いつの日かわたしたちは天の国に顔を出し、そのまばゆい輝きに包まれることだろう。そこでも大輪の花を咲かせて、神さまの目を楽しませることができれば素晴らしい。

道は開かれる

人生には、自分の力でどうにもならないことがたくさんある。そのようなことに直面したとき、将来をあれこれ心配し、自分の無力さを嘆いてため息ばかりついていても仕方がない。そんなときは、何でもいいから自分にできることを見つけ、それに精いっぱい取り組むのが一番だ。

自分の力でどうにもならないことを心配しているときでも、家族の世話をしたり、部屋の片づけをしたり、手紙に返事を書いたり、自分にできること、すべきことはたくさんあるはずだ。そのような目先のことに集中すれば、将来のことを心配している暇はなくなる。将来のことが心配になり、苦しくて仕方がないときは誰にでもあるだろう。そんなときには、いまの苦しさを乗り越えるために、いますべきことに集中するのがいい。

苦しみを払いのけ、残った力を振り絞って自分にできることをしているうちに、新しい道が開けることだってある。将来が心配になるのは、心のどこかで「自分の未来はこうでなければならない」と思っているからだろう。苦しくなるのは、自分の人生が自分の思った通りにならないからなのだ。だとすれば、いますべきことに次々と取り組んでいるうちに新しい可能性が見つかり、「必ずしも道は一つではない。他にも、いろいろと道はありそうだ」と思えるようになったなら、将来への心配は薄れるに違いない。

大切なのは、せっかくのいまを無駄にしないことだと思う。いますべきことをしなければ、未来がよくなるはずはない。未来を切り開くには、いますべきことを、一つひとつ仕上げてゆく以外にないのだ。神さまは、いまを精いっぱいに生きる人のために、必ず一番いい道を準備してくださる。そう信じて、いまできること、いますべきことに取り組んでゆきたい。

神のみ旨

キリスト教では、何かを始める前に、「神のみ旨」を確かめることが勧められる。なぜなら、すべての人間は「神のしもべ」であり、「神のみ旨」のままに生きることこそが人間の幸せだと考えているからだ。だが、そんなことを言われると、反発を感じる人も多いだろう。「わたしの主人はわたし自身だ。自分の思うまま、自由に生きる権利がある」。そう考えたくなるのは、ある意味で自然な反応だ。

だが、そこに悪魔の巧妙な罠が隠されている。「自分の思うまま、自由に生きるのだ」とやりたい放題のことを始めた瞬間、わたしたちは欲望の奴隷になってしまうのだ。欲望の奴隷になった人は、「あれも欲しい、これも欲しい」とたくさんのものを追いかけるが、いつまでたっても心が満たされることはない。際限のない欲望に駆り立てられながら、一生、心に虚しさを抱えたまま生きることになる。「自分は自由だ」と思い込ませながら、まんまと人間を欲望の奴隷にする。それが、悪魔の巧妙な手口だ。

欲望の奴隷にならないためには、自分の本当の望みをしっかり見極める必要がある。心の底から聞こえてくる、本当の望みの声にしっかり耳を傾けながら行動するのだ。自分の本当の望みを見つけ、それを満たすことによってのみ、わたしたちの心は満たされる。

心の底から聞こえてくる、わたしたちの本当の望みの声。それこそ、実は神の呼びかけであり、「神のみ旨」だ。「神のみ旨」に耳を傾け、「神のしもべ」として生きるときにこそ、わたしたちは自分の主人になることができるのだ。心の底から聞こえてくる、本当の望みの声に静かに耳を傾けることを、キリスト教では「祈り」と呼ぶ。真の自由を生きるために、すべてのことを「祈り」から始めたい。

飼い葉桶の福音

イエス・キリストは、誕生して飼い葉桶に寝かされたと聖書は伝えている。当時は、自然の洞窟で家畜を飼っていたというから、イエスもそのような場所で生まれたのだろう。もしイエスが生まれたのが高い壁で囲まれた宿屋や宮殿だったとしたら、当時もっとも卑しい階層とされていた羊飼いたちは、その門の前まで来て引き返したことだろう。イエスが家畜たちの間で生まれたことには確かに意味があった。家畜たちの間で生まれたからこそ、イエスは貧しい人々に神の愛を伝えることができたのだ。

わたしたちはつい、人から高く評価してもらおうと思って自分の周りに権威や名誉などの壁を張り巡らそうとするが、その壁は同時に、自分と周りの人たちを切り離す壁でもある。自分の財産や地位、学歴などを誇れば誇るほど、「この人は、わたしとは違う世界の人だ」と思って距離をおく人たちが増えてゆくのだ。そんな人間の心をよく知っておられる神は、イエスをあえてまったく無防備な、貧しい場所に誕生させた。そのこと自体が、人類に対する一つの福音、喜びの知らせだと言っていいだろう。わたしたちのもとにやって来られた神は、羊飼いたちでも簡単に近づける神、どんな人でも気後れせずに近づける神なのだ。

赤ん坊であるイエスには、権威も、名誉も、財産もなかった。イエスの周りには、人々を遠ざける壁が何一つなかったと言っていい。そのことは、イエスがすべての人のために遣わされた神であることを証している。たとえ社会の片隅に追いやられ、財産を失い、人から馬鹿にされたとしても、温かく受け入れてくださる神。それが、イエス・キリストなのだ。わたしたちは、自分の周りに壁を作りすぎていないだろうか。壁を取り除き、すべての人に開かれた自分でありたいと思う。

幸せの条件

人間が幸せになるために何が必要かと問われたら、わたしはやはり「家族の愛」と答える。有り余るほどの財産やきらびやかな地位を手に入れ、たくさんの人から尊敬されたとしても、家族から愛されない限り決して幸せになることができないからだ。身近にいて自分のことを隅々までよく知り、その上で、弱くて欠点だらけの自分をありのままに受け入れてくれる家族。その無条件の愛を実感したときにだけ、わたしたちは心の底からの幸せを味わうことができる。

イエス・キリストは貧しさの中で誕生した。生まれたばかりの幼子イエスは、家畜のよだれで汚れた小さな飼い葉桶に寝かされ、それをヨセフとマリアが見守っている。物質的な豊かさとはまったく無縁の誕生だが、そこには確かな幸せがある。ヨセフは妻であるマリアを心の底から信頼し、マリアの身に起こったことをすべて受け入れている。マリアも夫ヨセフを心の底から信頼し、ヨセフに自分と子どものすべてを委ねている。そして二人の心には、神から授かった幼子イエスを、自分たちの命に代えても守り抜く覚悟がある。何も持っていなかったとしても、誰からも祝福されなかったとしても、この家族の心が幸せで満たされていたことは間違いがない。

家族は、必ずしも血のつながりを必要としない。イエスとヨセフの間に血のつながりがなかったことからも、それは明らかだ。血のつながりがなかったとしても、ありのままの弱くて欠点だらけの自分を、ありのままに受け入れてくれる人がいるなら、その人こそわたしたちの家族だ。わたしたちの幸せは、そんな家族を持てるかどうかにかかっている。すべての人が自分の家族を見つけ出し、幸せなクリスマスを迎えることができるよう心から祈らずにいられない。

祈りの絆

ローマ教皇フランシスコは、誰かと会うと必ず「わたしのために祈ってください」と言う。全世界のカトリック信者の指導者であるローマ教皇という立場を考えれば、「あなたのために祈っています」と言うのが自然だろう。だが、彼はあえて「わたしのために祈ってください」と言うのだ。誰かの祈りに支えられなければ、教皇の重責を果たすことはできないということだろう。「自分のような人間が教皇として働けるのは、皆さんの祈りに支えられているからです」。教皇の言葉には、そんな謙虚な思いが隠されているように思う。

祈りには、誰かを支える力がある。届くかどうかわからなかったとしても、大切な相手のために自分の心をひたすら捧げ続ける祈りは、その人のために捧げられた愛に他ならないからだ。「あなたのために祈っている」と言うのは、「あなたを愛している」と言うのに等しい。共に祈り合うとき、わたしたちは互いを支え合っている。時間や空間さえも越えて、目には見えない愛の力がわたしたちを支えてくれるのだ。

遠くにいる誰かと、あるいは近くにいてもなかなか心を通わせられない誰かとつながりたいなら、まずその人のために祈ることだ。捧げられた祈りが真実であるならば、その祈りは必ず相手の心に届く。自分のことを忘れ、ただ相手の幸せだけを願う純粋な愛は、必ず相手の心に届くのだ。祈りには、人と人とを愛の絆でつなぐ力がある。

祈りの力は、それだけではない。祈っているあいだ、わたしたちの心は確かに神さまと結ばれている。祈りには人と人、神と人とを愛の絆で結ぶ力があると言っていいだろう。祈りの中で全人類とつながり、神とつながって生きるなら、この地上に生きながら、天国の喜びを味わうことさえできるはずだ。祈りには、無限の力が隠されている。

自分を褒める

他人が何か成果を上げたときに褒めるのは得意だが、自分自身が何か成果を上げても、なかなか満足できない。そんな人は、意外と多いのではないだろうか。わたし自身にも、そんなところがある。人のことは客観的に評価できても、自分については評価が偏ってしまう。自分に対する評価が、あまりにも厳しすぎるのだ。

なぜそんなことになるかと言えば、それは自分への期待が大きすぎるからだと思う。「自分はもっとよくできるはずだ」と思い込んでいるから、思ったとおりの成果を挙げられない自分に腹が立つ。自分に大きすぎる期待を持っている人は、自分を褒めることができず、もっと大きな成果を求めて自分を追い詰めてゆく。

「わたしとしたことが、これしかできなかった」という考え方をしてしまいがちな人は、そのような考えが浮かぶたびに、「これだけできれば、わたしとしては上出来だ」と考えなおすように心がけたらいいだろう。「わたしとしたことが」という言い方には、ある種の傲慢が潜んでいるからだ。「わたし」がいったい、どれほどのものだというのだろうか。自分が出した成果を、自分にとっての精いっぱいの成果として素直に受け入れ、喜ぶ謙虚さを持ちたい。そうでなければ、自分がかわいそうだ。

渡辺和子さんは、「思った通りにならなくて当たり前。思ったとおりになったら感謝しなさい」とよくおっしゃっていた。わたしは、それとは反対に、「思った通りになって当たり前。思った通りにならなければおかしい」と考えていることが多い。そんな思い上がった考え方を捨て、精いっぱい頑張った自分を褒められるようになれば、いまよりもっと幸せに生きられるに違いない。

つながって輝く

山奥に住む部族の長が、町にやって来て、生まれて初めて電球を見た。まばゆく輝いて夜の闇を照らす電球の力に感動した彼は、町の電気屋で電球をたくさん買って帰った。ところが、それらの電球は、彼の村では輝くことがなかった。なぜなら、彼の村にはまだ電気が通っていなかったのだ。

人間も、電球のようなものだと思う。どれだけ大きな力を秘めた電球も、電気なしでは決して輝くことができないのと同じように、どれだけ大きな力を秘めた人間も、自分だけでは決して輝くことができない。勉強して資格をとったり、お金を稼いで着飾ったりしても、人間は決して自分だけでは輝くことができないのだ。

人間を輝かせるために必要な電気、それは人と人とがつながるとき、そこに生まれる愛だと思う。人間は、誰しも光り輝く力を秘めているが、その力が発揮され、まばゆく輝きはじめるのは、愛という電気が通ったときなのだ。誰かから愛されている、自分はかけがえのない存在だ、自分の人生には意味がある。心の底からそう思えたとき、その人の顔は輝きはじめる。

人間の不幸の多くは、最初に紹介した部族の長のように、電球がそれ自体として輝くことができると思い込むことから生まれるように思う。自分のことだけを考え、自分を磨き、自分を飾りたてることばかりに夢中になっている限り、わたしたちは自分の命を輝かせることができない。自分のことばかり考えるのをやめ、周りの人に心を開いたとき、家族や友人、そして神さまとのあいだにしっかり絆を結んだとき、わたしたちの心に愛という電気が流れる。そのとき、わたしたちの命はまばゆく輝き、辺りを照らし始めるのだ。思い上がって、つながりを絶つことがないようにしたい。

食事の秘密

料理に込められた一番の栄養、それは作ってくださった方の愛だとわたしは思っている。何でも消化できる丈夫な胃腸を持っていても、料理に込められた愛を感じ、吸収できる心がなければ、一番の栄養が無駄になってしまう。感謝して味わうときにこそ、料理はわたしたちの心に吸収され、心を愛で満たしてゆくのだ。感謝して味わうことで、食事は、栄養を摂取するという体験から、心を満たされる癒しの体験に変わってゆく。

食事の前に感謝の祈りや「いただきます」の挨拶をするのは、その意味でとても大切だ。食べ物を与えてくださった神さまや料理を作ってくださった方々を思い出して感謝するとき、わたしたちの心は料理に込められた目に見えない栄養に向かって開かれてゆく。料理に込められた愛とつながるための挨拶。それが、感謝の祈りであり、「いただきます」だと言っていいだろう。

感謝の祈りや「いただきます」の挨拶をせず料理に手をつけ、テレビを見ながら食事をしても、体を維持するのに必要な栄養を摂取することはできる。だが、心が満たされることは決してない。心の虚しさを満たすために食べ続ければ、ついつい食べすぎてしまうだろう。「やけ食い」のようにしておいしい物をたくさん食べても、それだけで心が満たされることはないのだ。逆に、きちんと感謝して食べれば、質素な食事、腹八分目の食事でも心は十分に満たされる。そこに、食事ということの一つの秘密があるように思う。食事以外のあらゆる恵みについても、同じことが言えるだろう。感謝して受け取ることで、わたしたちの心は満たされる。満たされた心で生きるために、感謝を忘れないようにしたい。

愛は降り積もる

愛は永遠だという。これは、結婚式で二人のあいだに結ばれた愛の絆は、いつまでも消えないというような意味だけではないと思う。自分を差し出して誰かを無条件に愛するとき、その愛は相手の心の中に深く刻まれていつまでも消えない。あるいは、誰かからそのような愛を受け取るとき、その愛はわたしたちの心の中に刻まれていつまでも消えない。「愛は永遠」という言葉には、そのような意味もあると思う。

「愛は降り積もる」と言ってもいいかもしれない。生まれてから今日まで、わたしたちが誰かから受け取った愛は、一つも消えることなくわたしたちの心に降り積もり、愛の層を造り上げているのだ。たとえば、もう天国に行った祖父母から受けた無条件の愛は、今もわたしたちの心に降り積もっている。子どもの頃に可愛がってくれた近所のお兄さんやお姉さん、彼ら、彼女らが与えてくれた愛は、いまもわたしたちの心に降り積もっている。父母、恩師、友人たちから受けた愛も、もちろんそうだ。誰かが与えてくれた真実の愛は、すべてわたしたちの心の中に残り、永遠に消えない愛の層を作り出している。

　何か苦しいことがあり、深く落ち込んだとき、わたしたちは心の底にある愛の層の存在に気づく。苦しみのどん底で、わたしたちは、自分を暖かく受け止めてくれる愛の層に出会うのだ。たくさんの人から受け取った愛という土台に支えられて、わたしたちは生きていると言ってもいいかもしれない。愛の層の厚い人も、薄い人もいるだろうが、心配する必要はない。どんな人でも、心の一番奥深くには、生まれたときに注がれた神さまの愛の分厚い層があるからだ。わたしたちは皆、たくさんの愛に支えられて生きている。そのことを忘れず、すべての愛に感謝しながら生きてゆきたい。

おわりに

キリスト教と何の関係もない農家に生まれたわたしが、なぜインドに行ってマザー・テレサと出会い、いま神父をしているのか。ふと立ち止まって、「なぜこうなったのか」考えると、自分でも理由がよくわからなくなる。だが、「何がわたしをここまで導いたのか」と問うならば、その答えはきっと愛だろう。

人生の分岐点でわたしを導いてくれたのは、いつも愛だった。高校生のとき法律を勉強しようと決めたのは、社会の片隅に追われて苦しんでいる人たちの助けになりたいと思ったからだった。父の死をきっかけとして人生に迷い始めたのも、わたしの心の中に宿った愛が、「本当にこのままでいいのか」とわたしに問いかけたからだったように思う。神父になろうと決めたのも、マザー・テレサに憧れてインドに出かけ、そこで本物の愛と出会ったのがきっかけだった。いま教会や幼稚園、刑務所などを駆け回っているのも、一人でも多くの人の心に愛を届けたいと思うからだ。

キリスト教では、神と愛は一つのものだと考えられている。神とは愛であり、愛こそが神なのだ。生まれたときから、愛である神はわたしの中に宿り、わたしと共にいてくださった。愛である神が、わたしをここまで導いてくださったのだ。

愛は、人間の力を越えている。人間の力で、愛をコントロールすることはできないのだ。「この人を愛するべきだ。だから愛そう」と思っても、わたしたちにはそれができない。愛は、相手との出会いの中で、どこからともなく心に湧き上がるものなのだ。人間には、愛を造り出すことができないと言ってもいいだろう。愛は、いつでも、わたしたちの思いを越えてどこかからやってくるもの。与えられるものなのだ。

心に宿った愛は、わたしたちを動かし始める。冷静に考えれば、「な

ぜ、この人のためにそこまでしなければならないのか」と思われること
でも、愛する人のためならせずにいられなくなる。どんなに損なこと、
危険なことでも、愛する人のためならば喜んでしてしまう。愛は、その
ようにしてわたしたちの人生を動かしてゆく。愛によって動かされてい
る人の行動は、人間の理解を越えているという意味で、いつも不合理だ。
愛は、利害損得を越えて、わたしたちの人生を力強く導いてゆく。

愛を言葉で表現し尽くすことはできない。それは、美しい景色を見た
感動や料理のおいしさなどを、言葉で説明し尽くすことができないのと
同じだ。愛の素晴らしさを知りたいなら、実際に味わってみるほかない。

愛は、わたしたちを置いてゆくことがない。どれほど辛く、苦しいと
きでも、わたしたちの心の奥深いところにいて、わたしたちを支えてく
れる。誰かから本当に愛された記憶は、心の奥深くに刻み込まれて消え
ることがない。真実の愛は、わたしたちの心の中でいつまでも生き続け
る。人間をその手の中で真心こめて造られた方の愛は、わたしたちの存

在に深く染み込み、わたしたちの人生の土台となっている。
わたしたちの人生は、愛である神の手のひらの中にあると言ってもいいかもしれない。誰も愛から逃れることはできないし、愛に背を向けている限り決して幸せになることはできない。今回、エッセイをすべて読み返してみて、改めてそう思った。覚悟を決めて愛に身を委ね、これからも愛の導くままに生きてゆきたい。

二〇一九年六月九日

片柳弘史

本書は、ラジオ番組「心のともしび」（二〇一一年―二〇一九年）や月刊誌『こどものせかい』（二〇一一年―二〇一九年、至光社）に寄稿したエッセイをもとに、加筆・修正したものです。

なお、カルカッタの名称は、現在コルカタに変更されていますが、本文中では当時の名称であるカルカッタを使用しています。

【著者紹介】
片柳弘史（かたやなぎ・ひろし）
1971年埼玉県上尾市生まれ。1994年慶應義塾大学法学部卒業。1994年–95年インドのコルカタにてボランティア活動。マザー・テレサから神父になるよう勧められる。1998年イエズス会入会。現在は山口県宇部市で教会の神父、幼稚園の講師や刑務所の教誨師として働く。
著書に『世界で一番たいせつなあなたへ――マザー・テレサからの贈り物』（PHP研究所）、『こころの深呼吸――気づきと癒しの言葉366』『始まりのことば――聖書と共に生きる日々366』（どちらも教文館）ほか。

ぬくもりの記憶

2019年6月30日　初版発行
2019年7月30日　2版発行

著　者　片柳弘史
発行者　渡部　満
発行所　株式会社　教文館
〒104-0061 東京都中央区銀座4-5-1 電話 03(3561)5549 FAX 03(5250)5107
URL　http://www.kyobunkwan.co.jp/publishing/

印刷所　モリモト印刷株式会社

配給元　日キ販　〒162-0814　東京都新宿区新小川町9-1
電話 03(3260)5670　FAX 03(3260)5637

ISBN 978-4-7642-6463-2　Printed in Japan